REDLINE | VERLAG

Thekla Wilkening
Robin Haring

Das Bio-Pizza Dilemma

Der überraschende
Wegweiser zu mehr
Nachhaltigkeit

Bibliografische Information der Deutschen Nationalbibliothek
Die Deutsche Nationalbibliothek verzeichnet diese Publikation in der Deutschen Nationalbibliografie. Detaillierte bibliografische Daten sind im Internet über http://dnb.d-nb.de abrufbar.

Für Fragen und Anregungen:
info@redline-verlag.de

1. Auflage 2021

© 2021 by Redline Verlag, ein Imprint der Münchner Verlagsgruppe GmbH,
Türkenstraße 89
D-80799 München
Tel.: 089 651285-0
Fax: 089 652096

Redaktion: Christiane Otto
Umschlaggestaltung: Karina Braun
Umschlagabbildung: bsd/ Shutterstock
Illustrationen: Lotta Meyer
Satz: ZeroSoft, Timisoara
Druck: CPI, Ebner & Spiegel, Ulm
Printed in Germany

ISBN Print 978-3-86881-848-2
ISBN E-Book (PDF) 978-3-96267-335-2
ISBN E-Book (EPUB, Mobi) 978-3-96267-336-9

— *Weitere Informationen zum Verlag finden Sie unter* —
www.redline-verlag.de
Beachten Sie auch unsere weiteren Verlage unter www.m-vg.de

Inhalt

Für Melitta

Nachhaltigkeit ist wie Pizza – auf die Zutaten kommt es an.

Chaos

Inspiration

Im Jahr 2012 habe ich mein erstes eigenes Unternehmen gegründet: Kleiderei. Zusammen mit Pola Fendel, die seit dem letzten Jahr vor unserem Abitur in Köln meine Partnerin-in-Crime ist. Ein knappes Jahr nachdem ich in der Hansestadt angekommen war, während meines ersten Semesters an der HAW Hamburg im Fach Bekleidungstechnik, saßen Pola, die ebenfalls in Hamburg Kunst studierte, und ich im Sommer in der Küche von Freunden. Es war ein lustiger Abend, der unser Leben verändern sollte. Anfangs war es nur ein Witz, ein Missverständnis gewesen. Jemand erzählte davon, wie er seine Freundin in der Modeabteilung einer Bibliothek abgeholt hatte, und in der weingeschwängerten Stimmung kam die Frage auf, ob sie sich dort Kleidung geliehen hätte.

Kleiderei – die Bücherei für Kleider war geboren. Am nächsten Tag rief ich Pola an – ich wollte dieses Projekt unbedingt umsetzen. Kleidung leihen war für mich die Lösung, um Ressourcen zu schonen, nachhaltig zu konsumieren und trotzdem mit Mode zu experimentieren. Alles Komponenten, für die mir weder in der Ausbildung noch im Studium jemand Lösungen hatte aufzeigen können. Pola war dabei. Sie ist und war ein Freigeist, gelockt von der Lust auf Abenteuer. Kleiderei war ihr neues Abenteuer und unser neues Ziel. Wir hatten die letzten fünf Jahre zusammen getan was wir wollten, und jetzt taten wir es wieder: Wir gründeten eine Firma.

Kleiderei funktioniert wie eine Bibliothek für Kleidung. Wir haben Kleidung im Monatsabo an Kund*innen verliehen, zuerst in einem kleinen Laden auf St.Pauli in Hamburg – später deutschlandweit. Kleiderei war für uns die Alternative zur Wegwerfgesellschaft.

So haben wir damals, 2012, vor fast zehn Jahren, unsere Vision in Worte gefasst. Begriffe wie »kollaborativer Konsum« oder »Sharing Economy« brachte uns Mischa, der Journalist, der ein Portrait für die *brand eins* über uns schrieb, bei. Er hatte die Theorie, dass wir mitten in einer Gründung steckten, weil wir etwas gefühlt hatten: Wir wollten Dinge, und vor allem Mode, die wir ja längst nicht mehr aus Bedarf, sondern aus Bedürfnis (wahrscheinlich glatt nur LUST) heraus kauften, nicht mehr besitzen. Wir waren uns nicht sicher, ob es anderen auch so ging, obwohl… eigentlich waren wir uns sehr sicher.

Im Mai 2013, ein gutes halbes Jahr nach unserer Gründung, erschien der Bericht[1] in der *brand eins* mit einer Doppelseite mit Fotos von Pola und mir – und meinem Mini-Baby-Bäuchlein. Wir waren mittendrin. Wir wurden zu einer Konferenz nach Berlin eingeladen, auf der die Ausgabe auslag, Spotify und Airbnb unsere Co-Redner waren und der Moderator Nick uns fragte, wie mensch denn zu solch einer Doppelseite in der *brand eins* käme. Jahre später besuchte er uns, als wir im *Mercedes me Store* in Hamburg einen ganzen Monat lang Events zum Thema »Slow Fashion« organisierten. Seine Frage dort war die gleiche: Wie habt ihr das geschafft? Wir wussten es selbst nicht. Für uns war die einfache Erklärung: Wir waren jung, und unser

Gespür traf den Zeitgeist. Oder vielleicht waren wir auch so erfolgreich, eben weil wir ihn hinterfragten.

Mit Kleiderei gesellten wir uns damals in die noch, im wahrsten Sinne des Wortes, ziemlich farblose Welt der nachhaltigen Mode. Es gab 2012 wirklich wenig. Wenn überhaupt, die Pioniere von Hessnatur, ein paar Visionäre wie Patagonia im Outdoorbereich; aber Armedangels war noch vergleichsweise klein, und von so etwas Coolem wie Jan'n June hätten wir nur träumen können. Secondhand hatte ein angestaubtes Image und schien eher etwas für die ältere Generation aus der sozial-ökologischen Ecke zu sein, als für junge und hippe Menschen. Uns war also direkt klar: Wir brauchen Farbe und Sexiness. Das war die Vision für unsere CI, unsere Corporate Identity: coole Mädels (natürlich aus unserem Freundeskreis), die alle was im Kopf haben und darum lieber nachhaltig konsumieren – aber trotzdem sexy sind. Im Grunde haben wir uns gefragt: Was wollen wir selbst sehen? Was würde uns inspirieren?

Ich würde jetzt gerne in die Tasten hauen und sagen: Das ist alles Schnee von gestern. Heute sind wir schon so viel weiter. Aber leider, wenn wir von der Unternehmensgröße von Armedangels absehen, stimmt das nicht.

Die Bürger*innen scheinen nach wie vor verloren in einer Welt zu sein, die uns sagt, dass Konsum glücklich macht. Vielleicht mit dem Unterschied, dass es heute so etwas wie den »perfekten Konsum« gibt. Dem kann mensch vor allem in Großstädten oder online frönen. Es steht in der Regel *Bio*, *Fair* oder *Vegan* drauf, und daneben kleben lustige Logos. Sie sind aber nicht wie die Sticker von Bands, die wir früher auf unsere Laptops klebten, weil wir sie liebten, sondern es sind Siegel.

Siegel, die uns Auskunft geben über richtig und falsch, die aber niemand versteht und auch bei niemandem Gefühle hervorrufen. Dafür ist der Begriff »Siegel-Dschungel« entstanden. Inzwischen gibt es sogar Websites, die uns durch diesen Dschungel helfen sollen. Davon später mehr. Erschwerend hinzu kommt, dass jede Company ihr eigenes Siegel oder ihren eigenen Claim für Nachhaltigkeit erfinden kann. Und so mag auf einer Jeans heute ein fröhliches, grünes *Better* kleben, aber was heißt das eigentlich genau, und ist besser schon gut?

Es gibt kein Patent auf »Nachhaltigkeit« und keine eingetragene Definition, an die wir uns halten könnten.

Konkret wurde die Idee, dieses Buch zu schreiben, als meine Freundin Cecilia auf Instagram das Foto einer Pizza-Werbung postete: »Yoga-Pizza Vegan mit Bio-Dinkelboden.« Unten auf der Verpackung stand: »Mit Hummussoße und ayurvedischen Gewürzen« und dann klebten da zwei Siegel-Sticker drauf: BIO und VEGAN. Und ein dritter, auf dem stand: »5 Cent für gesunde Böden.« Diese Pizza-Werbung würde sich hervorragend als Trinkspiel oder Bingo-Bogen eignen: »Vegan« – Check, »Yoga« – Check, »Bio« – Check. BINGO! Hicks. Das gute Gewissen gibt's Gratis, denn 5 Cent werden ja für gesunde Böden gespendet. Doch wer oder was sind eigentlich die gesunden Böden? Der Bio-Dinkelboden der Pizza? Die Anbauflächen der ayurvedischen Gewürze?

Ich sage nicht, dass Pizza jemals das einfachste Lebensmittel war. Wir alle haben sicher Stunden damit zugebracht, abgegriffene Pizza-Flyer aus Küchenschubladen durchzukämmen, um uns für die beste Wahl zu entscheiden. In unseren Kleiderei-Zeiten war Pizza unser Hauptnahrungsmittel.

Als wir noch unseren ersten Laden auf St.Pauli hatten, holten wir uns immer die Mini-Pizza aus dem Kaminofen der Pizzeria »Alt Hamburg«. Wir mussten nicht in das Restaurant hineingehen, sondern konnten direkt außen an einer kleinen Theke bestellen. Vor unseren Augen wurde die Kaminofenpizza frisch zubereitet. Das war praktisch, denn als Jungunternehmerinnen litten wir natürlich chronisch unter Zeitnot. Darauf werde ich später noch genauer eingehen. Zurück zur Pizza: Sie war kross, frisch und lecker und ist bis heute Kult an der Hamburger Reeperbahn. Als wir später mit Kleiderei online gingen und unser Headquarter nach Hammerbrook verlegten, bestellten wir immer dann Pizza, wenn wir bis in die späten Abendstunden an unserem Business tüftelten. Oder an der Steuer.

Scharfe Peperonis, keine Peperonis? Auf Pizza schmecken auch Dinge hervorragend, die mensch sonst nicht essen würde, Sardellen zum Beispiel. Pizzabelag war schon immer ein hervorragendes Streitthema. Ich hatte in Köln mal einen Mitbewohner, der nicht müde wurde, mir in unserer WG-Küche bei jeder Pizzaparty zu erklären, dass auf eine original italienische Pizza nichts anderes als Tomaten, Mozzarella und Basilikum gehörten. Unnötig zu erwähnen, dass wir ihm auch meistens zu laut waren bei diesen Pizzapartys. Eine angemessene Reaktion darauf beschreibt Sophie Passmann in ihrem Roman *Komplett Gänsehaut:* »Vor ein paar Jahren haben Arschlöcher angefangen, jedes Mal, wenn jemand Pizza gegessen hat, zu erwähnen, dass das *ursprünglich mal ein Arme-Leute-Essen* war«, nur um dann Pizzerien zu eröffnen, die alle möglichen speziellen Pizzabeläge anbieten, die arme Leute sich nicht mehr leisten können.«

Pizza ist für alle da! Nichts hilft einem besser aus einem Kater heraus als Pizza. Nichts spendet mehr Trost auf dem Sofa. Und nichts sagt mehr über deine Persönlichkeit aus. Beständige oder ängstliche Menschen bestellen immer dieselbe Pizza (Beständigkeit und Angst liegen ja auch nahe beieinander). Wilde Menschen probieren gerne etwas Neues aus und werden auch schon mal enttäuscht, was aber nicht schlimm ist. Besonders unsichere Menschen sind öfter mal enttäuscht von ihrer Wahl, und als Gratis-Topping liegt auf ihrer Pizza der Futterneid. Die Cleveren unter uns organisieren sich direkt einen Tauschpartner oder bestellen gleich halb/halb. Dann gibts nichts zu bedauern. Bereuen wollen wir ja sowieso nichts.

Das Schöne an Pizza ist wie bei vielen anderen Guilty Pleasures: Grundsätzlich macht sie jede Form körperlicher Aktivität sehr unwahrscheinlich – eine Form der Entschleunigung, die durchaus entlastend sein kann (und daher gewollt).

Mit dem Post von Cecilia und dieser Pizza, die nichts mehr von Guilty Pleasure hat, sondern zum *Bio-Pizza Dilemma* wird, das einem nur noch sagen will, wie es *RICHTIG* geht, war es um uns geschehen und wir wollten etwas schreiben, was diesem ganzen perfekten Konsum-Blabla einen anderen Zugang erlaubt. Denn was mal gut anfing, mit Produkten vom Demeter-Hof, ist inzwischen in eine Maschinerie ausgeartet, die komplett intransparent genauso an uns verdient wie die konventionelle Industrie. Und genauso, wie es nicht stimmt, dass Bio immer gesund ist – und demzufolge natürlich auch nicht dick macht, ist auch nicht alles gut, sobald nur »Bio« draufsteht. Warum nicht? Weil Bio allein nicht bedeutet, dass die Menschen entlang der Lieferkette fair bezahlt wurden. Und umgekehrt. Doch auch dazu später mehr.

Wir sind vielleicht nur ein kleines Stück dieser Pizza, die sich Krise nennt. Umweltkrise, Klimakrise, Menschenrechtskrise, Zukunftskrise. Aber wie groß ist unser Anteil? Wir, die Bürger*innen, die zwischendurch zu Konsument*innen werden, denen eine ganze Industrie nun erzählt, es wäre unsere Verantwortung, es wäre unser *Bio-Pizza Dilemma*. Aber was, wenn es das nicht ist? Wenn die Lösung nur bedingt in unserer Hand liegt? Dem wollen wir auf die Spur gehen.

Außerdem finden wir, dass, wie bei unserem Lieblingspizzabelag, jeder Mensch seine eigene Nachhaltigkeit haben sollte. Für die einen gibt es einen ganz konkreten Fahrplan, der jeden Tag umgesetzt werden will. Für die anderen wird jeder Tag neu justiert, weil das Leben einfach wild ist.

Dazu soll dieses Buch ermuntern.
Finde deine eigene Nachhaltigkeit.

Neugierde

In erster Linie geht es darum herauszufinden, was gut für dich ist. Für dich, ganz persönlich. Niemand weiß, wie »perfekter« Konsum geht und wie viel Macht wir überhaupt haben.

In den sozialen Netzwerken trended der Ausspruch: »Dein Kassenzettel ist dein Stimmzettel.« Aber gibt es überhaupt eine Wahl zu diesem Stimmzettel? Oder ist unser Kassenzettel am Ende nur unsere Meinung. Und kann eine Meinung überhaupt Strukturen ändern? Oder braucht es mehr?

Perfekter, nachhaltiger Konsum ist nicht die Lösung, soviel möchten wir schon mal vorab feststellen. Du kannst es also nur falsch machen. Und niemand, glaube mir, wirklich niemand weiß, wie es richtig geht. Wenn dir also jemand bei der nächsten WG-Party (hoffentlich ist es bald wieder soweit), erklärt, wie mensch ein anständiger Veganer wird oder dass Hafermilch einfach so viel besser ist als Mandel- oder Sojamilch, dann sag höflich:»Danke«, und geh.

Aufbruch

Warum dieses Buch?

Thekla: Ich war 17, als ich wusste, dass ich die Modeindustrie radikal ändern möchte. Konkret bedeutet das für mich: Nachhaltigkeit implementieren. Ich hatte eine Vision, ein Ziel, eine Aufgabe und war dabei noch blutjung. Mir ist klar, dass das mehr als selten ist und auch eine unfassbar glückliche Fügung.

Heute sagen mir Menschen oft, dass sie nicht wissen, wo sie anfangen sollen mit diesem nachhaltigen Konsum. Und ob mensch es überhaupt perfekt machen kann? Sie erzählen mir, dass sie fürchten, dass ihr Job sinnlos ist. Dass sie nicht jeden Tag die Welt retten – aber doch eigentlich sollten, oder? Ich schreibe dieses Buch für alle diese Menschen. Und für dich. Denn da du dieses Buch in der Hand hältst, vermute ich, dass du die gewisse Neugierde besitzt, die wir für einen Wandel brauchen.

In erster Linie hatte ich das Glück, mit 17 zu *spüren,* was gut für mich ist. Und was gut für dich ist, ist auch gut für die Welt – um diesen Zusammenhang soll es in diesem Buch gehen. Dieses Buch ist voll überraschender Entwürfe und

Inspirationen für mehr Nachhaltigkeit, dabei aber so klein, dass du es problemlos jeden Tag mit dir herumtragen kannst. Es soll dein ständiger Begleiter sein, auf der Suche nach deinem Weg für ein gutes Leben, für dich und deine Umwelt.

Robin: Seit einigen Jahren schon stelle ich Studierenden in meinen Seminaren immer die gleiche Frage: »Geht die Welt auf oder unter?«

Die Antwort ist stets dieselbe: Die Welt geht unter! Nur einmal saß meine achtjährige Tochter, zwischen ihren Malstiften vergraben, mit im Seminar und erhob entschieden Einspruch: »Die Welt geht auf!«

Seitdem beschäftigt mich die Frage, warum gerade die jüngsten Mitglieder einer Wohlstandsgeneration mehrheitlich davon überzeugt sind, dass ihre Welt untergeht.

Leben wir tatsächlich in einer Gesellschaft ohne Hoffnung auf eine bessere Zukunft?

1x1 für die Dinnerparty

Ohne Wissen können wir nur unvollständig sehen.[2]
— Frank Berzbach

Nach dem Abitur habe ich mich für eine Ausbildung zur Bekleidungstechnischen Assistentin entschieden. Mein Schuldirektor schlug die Hände über dem Kopf zusammen, als ich mir meine beglaubigte Zeugniskopie abholte und murmelte so etwas wie: »Mit so einem Abitur macht man doch keine Ausbildung.« Aber ich wollte verstehen, wie das ganze System Textilindustrie funktioniert und fand, dass ein theoretisches Studium dafür nicht der richtige Zugang war. Ich wollte Nähen lernen, Materialien anfassen, ganz am Anfang beginnen, um so viel Wissen zu gewinnen, dass ich das System gekonnt hinterfragen kann.

Und so wollen wir auch mit diesem Buch beginnen. Hier kommt das 1x1 für die Dinnerparty, mit dem du erstmal vieles kennenlernst, was diesen unendlichen Kosmos »Nachhaltigkeit« ausmacht, und noch viel wichtiger: welche Grenzen wir in diesem Kosmos bereits erreicht haben. Garniert auch hier immer mit einer Portion Humor, denn Humor ist das beste Mittel für Wandel. Angst sollst du keine bekommen. Angst lähmt, und wir wollen ja handeln.

Suche Zuversicht – biete Zukunft

Und dann fragt dich auf einmal jemand: Siehst du den nächsten zwölf Monaten mit Hoffnungen entgegen?

Es wird kurz still, du stehst da und fragst dich: Ja, was gibt mir denn eigentlich Hoffnung? Tatsächlich stellt das Umfrageinstitut Allensbach diese Frage schon seit mehreren Jahren, wobei erst im letzten Jahr ein historischer Tiefpunkt erreicht wurde: In der Generation der 30- bis 59-Jährigen sehen nur noch 22 Prozent den nächsten zwölf Monaten mit Hoffnungen entgegen. Im Vergleich dazu sahen im Jahr 2015 noch strahlende 57 Prozent der Zukunft mit Hoffnung entgegen.[3] Ein erdrutschartiges Stimmungstief, das vor allem durch den ungewissen Verlauf der Pandemie und die damit verbundene Unsicherheit entstanden ist.

Passend dazu hat die Weltuntergangsuhr im Januar 2020 einen neuen Spitzenwert erreicht und steht nun auf 100 Sekunden vor Mitternacht. Seit 1947 zeigt diese symbolische Uhr, auch genannt *Doomsday Clock*, unsere Nähe zum Weltuntergang an. Um über den Zeigerstand der Uhr zu entscheiden, treffen sich zum Anfang eines jeden Jahres angesehene Wissenschaftler und Nobelpreisträger und debattieren. Während die Gründe für das Umstellen der Uhr in den letzten Jahrzehnten das atomare Wettrüsten oder politische Konflikte waren, bietet nun auch der Klimawandel zunehmend Anlass zur Sorge. Die Zeiger stehen aus unterschiedlichen Gründen mal auf 7 vor 12, dann 3 vor 12 oder wieder auf 5 vor 12. Heute deuten die Zeiger auf 100 Sekunden vor Mitternacht, und die Welt steht so kurz vor dem Untergang wie nie zuvor.[4]

Hören wir dazu die bemerkenswerte Rede des UN-Generalsekretärs António Guterres *»Zur Lage des Planeten«* vom Dezember 2020 an der Columbia University in New York. Die ersten Minuten der Rede sollte niemand auf nüchternem Magen hören, denn auf die einleitenden Worte »…der Zustand des Planeten ist gebrochen« folgt eine verstörend lange Aufzählung und äußerst drastische Beschreibung über das Ausmaß der menschlichen Zerstörung des Planeten Erde.

- eine Million Arten sind vom Aussterben bedroht
- Ökosysteme verschwinden vor unseren Augen
- Wüsten breiten sich aus
- Feuchtgebiete gehen verloren
- jährlich verlieren wir 10 Millionen Hektar Wald
- Ozeane sind überfischt und ersticken im Plastikmüll
- Korallenriffe verblassen und sterben
- Brände und Überschwemmungen, Wirbelstürme und Hurrikane sind zunehmend unsere neue Normalität[5]

Passend dazu erscheinen im Wochentakt fortlaufend neue Studien, Diagnosen und Prognosen zum bevorstehenden Weltuntergang.

Fassen wir die Lage der Welt nochmals mit den Worten des UN-Generalsekretärs Guterres zusammen: »Die Menschheit führt Krieg gegen die Natur. Das ist Selbstmord… Menschliche Aktivitäten sind die Wurzel unseres Abstiegs in Richtung Chaos.«[6]

Nun, sind das die Gründe für unsere schwindenden Hoffnungen in Bezug auf die Zukunft? Haben wir den Glauben an die Zukunft wirklich verloren oder nur den Anschluss?

Wer den Anschluss verliert, kann aber auch kein Interesse aufbringen. Denn an dieser Stelle müssen wir genauer unterscheiden: Der *Glaube* an die Zukunft ist für jeden von uns der Grund, morgens aufzustehen. Wäre dieser Glaube verloren gegangen, hätten wir es heute Morgen nicht bis unter die Dusche geschafft. Was wir aber tatsächlich verloren haben, ist das *Interesse* an einer Zukunft als Verlängerung der Gegenwart. Wenn das Morgen nämlich genauso aussehen soll wie das Heute oder das Gestern, dann wird das nichts mit der Zukunft. Und die zunehmende Sichtbarkeit der negativen Konsequenzen unseres Umgangs mit der Welt tun ihr Restliches dazu. Wir verlieren das Interesse.

Unser *Glaube* an die Zukunft ist hingegen so unerschütterlich, dass er schon viele Jahrhunderte und viele Weltuntergangsszenarien überlebt hat. »Die Zeit ist nahe«, stellte der Prophet Johannes bereits im biblischen Buch der Offenbarung ist Aussicht.[7] Seitdem ist die Welt unzählige Male und auf verschiedenste Weise (fast) untergegangen. Wieder und wieder, eigentlich ständig. Im Grunde ist die Welt schon immer untergegangen. Mensch könnte mit einem flüchtigen Blick auf die *Doomsday Clock* fast denken, dass es unsere feste Überzeugung vom unmittelbar bevorstehenden Ende dieser Welt ist, die uns Menschen wirklich einzigartig macht. Aber es wird ja eine Zukunft geben. Unvorstellbar vielleicht. Doch es wird eine geben.

Die Lust an der Katastrophe ist also nichts Neues. In meinem Studium der Demografie war es eine beliebte Übung, das Wachstum von Bevölkerungen (es konnten auch Maikäfer oder Rotwild sein) so zu berechnen, dass am Ende die gesamte Erdoberfläche besetzt wäre. Vorausberechnungen aus den 60er-Jahren hatten ergeben, dass der Anstieg der Weltbevölkerung dazu führt, dass am 21. Juni 2116 jeder Mensch nur noch einen Stehplatz auf der Erdoberfläche zur Verfügung hat.[8] Und doch bleiben wir dran und machen weiter.

Die oben genannten Ergebnisse des Umfrageinstituts Allensbach können wir auch als »Zukunftsatheismus« verstehen. Diesen Begriff prägte der bekannte Philosoph Peter Sloterdijk und bezeichnet damit das Phänomen unserer Zeit, einerseits um die Gefahren unseres Handelns in der Welt zu wissen, diese aber nicht in politisches Handeln oder Konsequenzen übersetzen zu können. Was uns also abhandengekommen ist, scheint der Glaube an die Gestaltbarkeit der Zukunft zu sein.

Nicht zu wissen, wie der Untergang der Welt konkret aussieht oder abläuft, ist ja völlig in Ordnung. Das liegt im Wesen der Geschichte, die viele Sprünge kennt. Epochale Ereignisse ohne Vorlauf, Vorbereitung oder Vorspiel. Herleiten lässt sich die Zukunft jedenfalls nicht. Und schon gar nicht aus der scheinbar unumstößlichen Gegenwart. Sicher ist nur, dass viele der heute geborenen Jungen und Mädchen, bei einer durchschnittlichen Lebenserwartung von rund 80 Jahren, beste Chancen haben, die Welt im Jahr 2100 zu erleben. Wie auch immer sie dann aussieht.

Wenn ich auf meinen jährlichen Bescheid der Rentenversicherung schaue, lese ich dort als offizielles Datum meines Renteneintritts das Jahr 2048. Jahr für Jahr finde ich diesen Bescheid der Rentenversicherung zuverlässig in meinem Briefkasten vor und stelle mir dann immer dieselben zwei Fragen: 2048 – das Unplanbare: Was werde ich alles erleben bis dahin? Das Unvorhersehbare: Was erwartet mich?

Während wir für unser persönliches Leben noch Neugierde und Interesse übrig haben, entwerfen wir für die gesamte Menschheit mit erdrückenden Zahlen und düsteren Szenarien das Bild einer Zukunft auf einem geplünderten und kaputten Planeten. Ganz wissenschaftlich und nüchtern analysiert, ist das Ende der menschlichen Zivilisation bis zum Jahr 2050 sogar das wahrscheinlichste Szenario.[9] Haben wir wirklich die Hoffnung verloren, die Zukunft unserer Welt gestalten zu können?

Eine Frage – drei Antworten

Was gibt dir Hoffnung?
Thekla:
Okay, ich sage es mal ganz ehrlich: nichts anderes, als der feste Entschluss, Hoffnung zu haben. Wenn es mies läuft (und das tut es ja nur allzu oft), dann sage ich mir: Es wird wieder besser werden.

Robin:
Viele kleine Schritte, von vielen, immer wieder.

Du:

_____

_____

_____

Weiter, immer weiter

Okay, einmal kurz auf Anfang: Wie sind wir überhaupt in die Umwelt- und Klimakrise geraten, und gibt es natürliche Grenzen des Wachstums?

Es gibt genau einen Menschen, der schon einmal in der Zukunft war. Der russische Astronaut Gennadi Padalka hält den aktuellen Rekord zur Aufenthaltslänge im Weltraum, insgesamt 879 Tage[10], und laut Albert Einsteins spezieller Relativitätstheorie könnten wir jeden beliebigen Zeitpunkt in der Zukunft erreichen, wenn wir uns in einem Raumschiff hinreichend zügig (nahezu mit Lichtgeschwindigkeit) von der Erde fortbewegen und dann wieder zurückkehren. Da sein Arbeitsplatz mit einem Tempo von 28.000 km/h um die Erde kreist, ist der Astronaut Padalka ganze 25,5 Tausendstelsekunden in der Zeit gereist und damit von uns allen am weitesten in die Zukunft vorgedrungen.[11]

Realistischer ist es also, es mit dem Blick in die Vergangenheit zu versuchen, um etwas über die Zukunft zu lernen. Es ist nämlich so, dass die ersten Warnungen einer Klima- und Umweltkatastrophe inzwischen fast 70 Jahre alt sind. Schon im Jahr 1948 erschienen Bücher mit Titeln wie *Unsere geplünderte Erde* oder *Road to Survival*.

Überhaupt ist das Jahr 1948 ein wichtiges Datum, denn genau zu dieser Zeit nahm eine Entwicklung ihren Anfang, die wir heute als die »große Beschleunigung« bezeichnen.[12] Seit den 50er-Jahren erleben wir einen rasanten Anstieg verschiedenster gesellschaftlicher, wirtschaftlicher und ökologischer Entwicklungen. Gleichzeitig leben wir seitdem aber mit dem Wissen über den Zustand unserer Erde und die Aus-

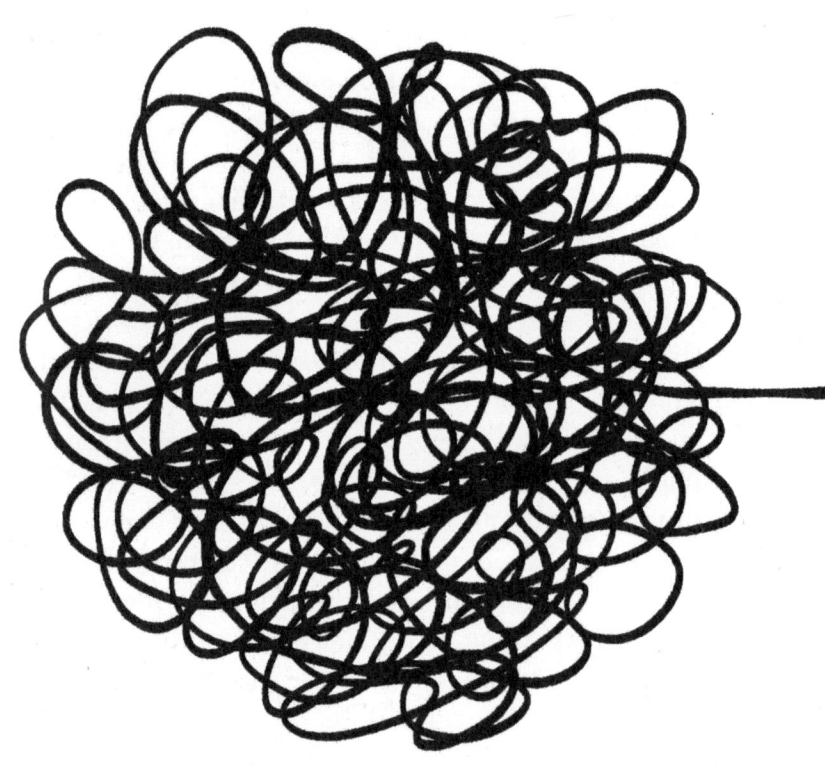

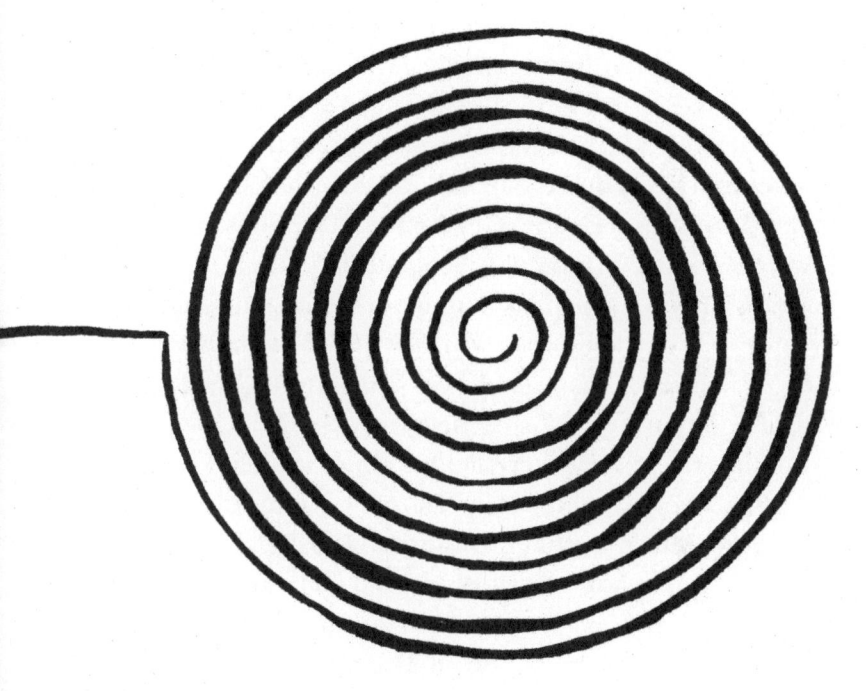

wirkungen unseres Handelns. In gewisser Weise haben wir also unsere Zukunft schon erlebt: Nur wie können wir sie dieses Mal anders gestalten?

Von Wasserverbrauch, über Papierproduktion und Fischfang bis hin zu Tourismus, Artensterben oder dem Einsatz von Düngemitteln – bei der Betrachtung von insgesamt 24 menschlichen Aktivitäten fällt auf, dass diese einem exponentiellen Verlauf entsprechen. Das bedeutet, dass sich anfängliche kleine Veränderungen über die Zeit deutlich vergrößern und daher in ihren Auswirkungen sehr leicht zu unterschätzen sind. Wir kennen dieses Phänomen noch aus dem Matheunterricht, und das bekannteste Beispiel für exponentielles Wachstum ist die Geschichte vom »bescheidenen« Lohn für den Erfinder des Schachspiels. Da der indische Kaiser großen Gefallen an dem neuen Spiel fand, hatte sein Erfinder einen beliebigen Wunsch frei. Dieser sagte: »Ich bitte, mir für das erste Feld des Schachbretts ein Reiskorn auszuhändigen, zwei Körner für das zweite Feld, vier für das dritte und für jedes weitere Feld doppelt so viele Körner wie für das vorhergehende.« Um die erste Reihe mit nur acht der 64 Felder zu befüllen, sind nur 256 Reiskörner fällig. Doch nach dem langsamen Wachstum zu Beginn nimmt die Anzahl der Reiskörner nun rasant zu und erreicht auf dem 64. Feld schwindelerregende 18 Trillionen Reiskörner oder 540 Milliarden Tonnen Reis. Damit hatte der Kaiser nicht gerechnet.

Noch bevor wir diese, von Menschenhand gemachten, exponentiellen Entwicklungen erkennen konnten, lief das große Steigerungsspiel über viele Jahrzehnte hinweg. Gesundheit, Lebenserwartung, Bildung, Konsum und Fernreisen – alles höher, schneller und weiter. Das an sich brachte uns auch viele Vorteile, wir sind im wahrsten Sinne des Wortes weit gekommen. Steven Pinker, der bekannte Professor für Psychologie an der Harvard University, hat in seinem viel beachteten Werk *Aufklärung jetzt* insgesamt 15 verschiedene Aspekte unseres Fortschritts untersucht und dabei 15 sehr gute Gründe für einen berechtigten, aufgeklärten Zukunftsoptimismus gefunden. Beispielsweise wurde die weltweite Kindersterblichkeit der unter Fünfjährigen halbiert, von 245 Millionen im Jahr 1990 auf 122 Millionen im Jahr 2017. Ein Anzeichen dafür, dass wir heute gesünder, wohlhabender und sicherer leben. Und dazu sind wir als Individuen noch weitgereister und gebildeter als jede Generation zuvor in der Geschichte der Menschheit.

Fortschritt kann sich in großen Bewegungen wie der Industrialisierung ausbreiten, aber auch so unauffällig und langsam voranschreiten, dass er fast unbemerkt bleibt. Was aber nicht übersehen werden kann, ist der Preis unseres Aufschwungs. Die beschriebenen exponentiellen Entwicklungen lassen die damit verbundenen gesellschaftlichen, wirtschaftlichen und ökologischen Kosten zunehmend sichtbar und spürbar werden. Wir machen Wohlstandsentwicklung zulasten unseres Planeten und brechen dabei die falschen Rekorde[13]: der wärmste Winter, der stärkste Wirbelsturm, das heißeste Jahr, der höchste Wasserverbrauch und die größte Eisschmelze aller Zeiten.

Krise bedeutet, dass eine Situation besonders schwer ist. Wir befinden uns in einer Krise, in der Not, in einem Dilemma. Doch es gibt ein Missverständnis darüber, in *welcher* Krise wir uns befinden. Mehr Rohstoffförderung, mehr Energieverbrauch, mehr Produktion, mehr Konsum. Das Dilemma besteht darin, dass wir völlig im Plan liegen! Unser

Umgang mit dem Planeten Erde ist eben nicht spontan, sondern strukturell angelegt. Unsere Herausforderung ist die Dynamik einer strukturell ressourcenbasierten Weltwirtschaft.

Ein gutes Beispiel dafür sind die weiterhin konsequent steigenden Investitionen in fossile Energieträger, was nichts anderes bedeutet, als dass wir weiterhin Wetten für eine erfolgreiche Zukunft auf Kosten unserer Erde platzieren:

Bankenfinanzierung für fossile Energieträger[14]

- 2015: UN-Klimakonferenz in Paris
- 2016: 640 Mrd. US-Dollar
- 2017: 674 Mrd. US-Dollar
- 2018: 700 Mrd. US-Dollar
- 2019: 736 Mrd. US-Dollar

Deutlich zu erkennen war diese selbstverstärkende Dynamik auch im Pandemiejahr 2020, mit einem historischen Einbruch des globalen CO_2 Ausstoßes um -7 Prozent.[15] Der erste Lockdown ließ unsere Erde aufatmen, Fotos von Paris ohne Smog-Grauschleier und Venedigs Kanälen mit glasklarem Wasser gingen um die Welt. Aber wir haben uns zu früh gefreut.

Trotz Pandemie-Zwangspause und der kurzzeitigen Hoffnung auf einen Wendepunkt in der Umwelt- und Klimakrise vermeldet die Internationale Energieagentur, »dass die globalen Emissionen im Dezember 2020 um 2% *höher* lagen als im gleichen Monat des Vorjahres«.[16]

Es war nur eine kurze Atempause, weil die Wirtschaft nach dem globalen Lockdown sofort wieder anzieht und ein Großteil der Hilfen aus den weltweiten Rettungspaketen in umweltschädliche Branchen und Subventionen zur Produktion und zum Verbrauch fossiler Brennstoffe fließt.[17] Die billionenschweren Hilfspakete wären eine große Chance gewesen, in Klimaschutz und nachhaltige Entwicklung zu investieren – und so zum Wandel zu motivieren. Doch eine Auswertung der britischen Oxford Universität und des UN-Umweltprogramms UNEP zeigt, dass die 50 wirtschaftsstärksten Länder der Welt von den insgesamt 14 Billionen Dollar an Wirtschaftshilfen im Jahr 2020 nur etwa 2,5 Prozent in eine »grüne Erholung« investieren.[18] Auch wenn Deutschland mit einem Anteil von fast 50 Prozent zu den Vorreitern bei den ökologisch ausgerichteten Konjunkturmaßnahmen gehört, haben nur wenige der reichen Länder ihre Hilfspakete genutzt, um die Weichen für eine nachhaltige Entwicklung zu stellen. Was für eine verpasste Chance!

Wir leben in einem Widerspruch, auch bezeichnet als das ökologische Paradox[19], denn der Preis für unseren gesellschaftlichen Fortschritt der letzten zwei Jahrhunderte ist die exponentielle Belastung durch den ebenso ansteigenden Verbrauch unserer natürlichen Ressourcen. Wir können festhalten: Was für die Menschheit ein Gewinn war, bedeutet für unseren Planeten einen Verlust. Und damit im Umkehrschluss auch wieder für uns.

Um besser zu verstehen, wie stark unser Einfluss auf verschiedene Erdsysteme wie zum Beispiel Klima, Wasser oder Artenvielfalt ist, beschreibt das Konzept der »Planetaren Grenzen« insgesamt neun kritische Momente.[20] Innerhalb dieser Grenzen erhalten wir jene Lebensbedingungen auf dem Planeten Erde, der unser Überleben in den letzten Jahrtausenden sichergestellt hat. Dazu gehören eine Atmosphäre, die uns vor gefährlicher Strahlung schützt, Wälder, die uns mit sauberer Luft versorgen, ausreichend Süßwasser zum Trinken und nährstoffreiche Böden zum Anbau von Nahrungsmitteln. Weil alles, aber auch wirklich alles, was unsere Gesellschaft und Wirtschaft ausmacht – Autos, Kopfkissen, Weinflaschen und Lego-Steine – aus natürlichen Rohstoffen unserer Biosphäre stammt, sind deren natürliche Grenzen die Grundlage unseres Überlebens. Als wüssten wir es nicht besser, sind wir trotzdem inzwischen weit in die planetaren Gefahrenzonen vorgedrungen und haben sieben der neun Grenzen überschritten.

Besonders deutlich wird dies mit dem *Earth Overshoot Day*, der jenen Tag eines Jahres markiert, an dem ein Land seine natürlichen Ressourcen zur Lebenserhaltung verbraucht hat. In Katar und Luxemburg wären die Jahresressourcen bereits Mitte Februar verbraucht, in Indonesien oder Ecuador reichen sie dagegen bis Mitte Dezember. Im weltweiten Durchschnitt jährt sich der *Earth Overshoot Day* am 22. August. An diesem Welterschöpfungstag hat die Menschheit so viele natürliche Ressourcen verbraucht, wie die Erde innerhalb eines Jahres wiederherstellen und somit nachhaltig zur Verfügung stellen kann. In Deutschland wären die Jahresressourcen schon am 5. Mai verbraucht.[21] Das bedeutet, dass Deutschland insgesamt fast drei Erden bräuchte, um über das ganze Jahr zu kommen. Wir leben also den Rest des Jahres im Dispo, im Ressourcen-Dispo unserer Erde.

Die Kritik an diesem Überverbrauch reicht ebenfalls schon viele Jahrzehnte zurück, wurde sie doch ausdrücklich in einem Buch formuliert, das im Jahr 1972 veröffentlicht wurde und inzwischen als Klassiker der Nachhaltigkeitsliteratur gilt. Der Titel lautet *Die Grenzen des Wachstums*. Dieses Buch liegt mir sehr am Herzen, denn mich hat als Jugendlicher Mitte der 90er-Jahre wirklich fasziniert, wie eine Gruppe von Wissenschaftlern des Massachusetts Institute of Technology (MIT) in Boston die ersten Großrechner verwendete, um die Zukunft der Weltwirtschaft anhand verschiedener Modelle und Berechnungen vorherzusagen. Mir erschien dieser Blick in unsere ferne Zukunft fast wie Zauberei. Unendlich weit entfernt waren die modellierten Szenarien für das Jahr 2030 oder 2050. Das Ziel der Studie war es, die Ursachen und Konsequenzen des grenzenlosen Wachstums der Wirtschaft, des Rohstoffverbrauchs, der Weltbevölkerung, Nahrungsmittelproduktion und Umweltverschmutzung zu untersuchen. Aber nicht nur beim unveränderten Weiter-so-wie-bisher-Modell, dem »Standardlauf des Weltmodells«, sondern auch in allen anderen Szenarien endete die Prognose mit einer deutlichen Überschreitung der planetaren Grenzen und dem Zusammenbruch unserer Zivilisation. Letzterer wurde schon damals mit der oben erläuterten exponentiellen Dynamik begründet. Seinerzeit erregten die düsteren Vorhersagen große Aufmerksamkeit, und das Buch wurde in 30 Sprachen übersetzt sowie inzwischen über 30 Millionen Mal verkauft.[22]

Interessant ist die Treffgenauigkeit der Vorhersagen, die auch bei Aktualisierungen im Jahr 1992 und 2004 zu ähnlichen Schlussfolgerungen kamen. So entsprechen die Veränderungen unserer Welt in den letzten Jahrzehnten weitestgehend dem prognostizierten Standardlauf aus den 70er-Jahren.[23]

Heute verstehe ich die *Die Grenzen des Wachstums* als frühen Hinweis auf den Widerspruch, unendliches Wachstum auf einem endlichen Planeten anzustreben, und somit als Dokument des beginnenden Übergangs von der Wachstumseuphorie zur Nachhaltigkeit. Ja, wir sind weit gekommen, aber wenn unser gesellschaftlicher Fortschritt weiterhin von einem steigenden Ressourcenverbrauch und Wachstum abhängt, dann rennen wir alle weiter eine Rolltreppe hinauf, die nach unten führt.

Umwelt

Gesellschaft

Wirtschaft

Es ist nicht deine Schuld

Und dann kommt der Moment, wenn du dich fragst: Wieso reden alle über das 1,5-Grad-Ziel, warum ist das so wichtig, und was habe ich damit zu tun?

Ich erinnere mich noch gut an das Hochwasser der Oder im Sommer 1997. In den langen Ferien besuchte ich meinen Cousin in Eisenhüttenstadt, und wir waren mit dem Rad unterwegs, vorbei an aufgeweichten Deichen, dröhnenden Wasserpumpen und Abfüllstationen für Sandsäcke. Die »Jahrhundertflut« war das alles bestimmende Thema dieser Tage. Damals ahnten wir noch nicht, dass solch ein Hochwasser, wie es bislang eben nur einmal im Jahrhundert zu erwarten war, bald alle paar Jahre stattfinden würde. So drehten sich unsere Gespräche mit Freunden, Bekannten und auch Betroffenen um bebaute Flusswiesen, fehlende Überflutungsflächen und die alles entscheidende Frage: Wie lange hält der Deich? Doch worüber niemand sprach, war eine möglicherweise persönliche Verantwortung für das Hochwasser. In all diesen Gesprächen hat wirklich niemand eine Verbindung zwischen seinem persönlichen Lebensstil und dem Hochwasser hergestellt: Flugreisen, Zweitwagen und Rindersteak zählten seinerzeit noch zum Bereich privater Angelegenheiten und wurden in keinerlei Zusammenhang mit Naturkatastrophen oder Umweltkrisen gesehen.

Gute 20 Jahre später ist unser Alltag heute angefüllt von moralischen Erwägungen rund um die Klimawirksamkeit des persönlichen Lebensstils.

Überlebt der Regenwald auch, wenn ich keine Sojamilch trinke? Brennt der Wald auch, wenn ich Gemüse esse statt Fleisch? Kommt das Hochwasser auch, wenn ich nicht nach Australien fliege?

Eine Frage – drei Antworten

Was ist menschlich?

Thekla:

Alles, was aus dir herauskommt. Dabei ist erstmal egal, ob es »gut« oder »schlecht«, »schwach« oder »stark«, »leise« oder »laut« ist. Das alles gehört dazu und darf, ja MUSS sogar alles sein. Wenn wir das begriffen haben, erlauben wir uns menschlich zu sein. Und werden schnell über uns selbst hinauswachsen, denn auch das ist menschlich: Wir wachsen.

Robin:

Menschlichkeit ist keine Kategorie oder fixe Eigenschaft. Menschlichkeit ist eine verhandelte Perspektive, eine Haltung, die aus gemeinsam gelebter Praxis immer wieder neu entsteht.

Du:

_____

_____

_____

Kommen wir auf den Punkt: Es gibt keine Verbindung zwischen einem Langstreckenflug und schmelzenden Gletschern, weil eine strukturelle Systemkrise nicht individualisiert werden kann. Es wird Zeit, dass wir uns die Wahrheit erzählen:

Du trägst keine persönliche Schuld an der Umwelt- und Klimakatastrophe.

Und ebenso wenig wie du die Umwelt- und Klimakatastrophe verursacht hast, wirst du sie auch verhindern können. Überhaupt lastet auf unserer Generation ein enormer Druck zur Verhinderung des Weltuntergangs. Während dieser früher wenigstens mit der Aussicht auf Erlösung verbunden war, bedeutet er heute vor allem Arbeit und Anstrengung, denn er soll ja verhindert werden – und zwar durch dich, durch mich, durch uns.

Dabei läuft das Steigerungsspiel mit seiner exponentiellen Dynamik schon länger, als wir auf der Erde sind. So leben wir heute in einer Welt, die sich im Vergleich zur vorindustriellen Zeit bereits um 1,1°C erwärmt hat. Zwar hatte das Abkommen der Pariser Klimakonferenz im Jahr 2015 einstimmig festgelegt, dass sich die Staaten dieser Welt bemühen werden, dass »der Anstieg der durchschnittlichen Erdtemperatur deutlich unter 2°C über dem vorindustriellen Niveau gehalten wird und Anstrengungen unternommen werden, um den Temperaturanstieg auf 1,5°C über dem vorindustriellen Niveau zu begrenzen«[24]. Doch das 2-Grad-Ziel wird mindestens seit den 70er-Jahren diskutiert und gilt schon lange Zeit als rote Linie, um die schlimmsten Folgen des Klimawandels zu verhindern. Das 1,5-Grad-Ziel ist also eine Art Sicherheitsbereich, auch wenn ein halber Grad Unterschied nach wenig aussieht. Doch zum einen ist damit die globale Durchschnittstemperatur gemeint, und zum anderen ist der Unterschied zwischen 2°C und 1,5°C Erderwärmung gewaltig: Weltweit würden halb so viele Menschen eine lebensbedrohliche Wasserknappheit erleben, es gäbe halb so viele Arten mit schrumpfenden Lebensräumen und 10 Millionen Menschen weniger, die ihre Heimat aufgrund steigender Meeresspiegel verlieren würden.[25] Dieser kleine, aber entscheidende Unterschied macht deutlich, wie empfindlich verschiedenste Erdsysteme auf minimale globale Klimaveränderungen reagieren.

Die Fixierung auf das 1,5-Grad-Ziel erweckt dabei oft den Eindruck, als wäre die Welt bei einer Erderwärmung von 1,49°C noch in Ordnung und versinkt erst bei 1,5°C im Chaos. Was wir stattdessen erleben, ist eher eine Verschärfung der Klimarealität, die wir in unserer heutigen 1,1-Grad-Welt bereits erleben. Ein deutlicher Spiegel dieses graduellen Übergangs ist die Arktis, die schon heute ein anderer Ort ist als vor 15 Jahren und in 15 Jahren wiederum ein anderer Ort sein wird als heute.

Der Weltklimarat hat vor kurzen einen 616 Seiten umfassenden Report zum Leben in einer 1,5-Grad-Welt veröffentlicht.[26] Noch stärker als eine Warnung ist dieses Dokument ein Eingeständnis. Wir werden die vereinbarte 1,5-Grad-Grenze überschritten haben – aller Voraussicht nach schon im Jahr 2030. Mit Blick auf den Umfang der »freiwilligen« CO_2-Einsparungen einzelner Länder, befinden wir uns realistisch betrachtet auf dem Weg in eine 3- bis 4-Grad-Welt.

- Jährliche CO_2-Emissionen, um das 1,5-Grad-Ziel zu erreichen: 25 Gt
- Jährliche CO_2-Emissionen bei Umsetzung heutiger Zugeständnisse: 56 Gt

Trotz unzähliger Klimakonferenzen und internationaler Vereinbarungen steigt der jährliche CO_2-Ausstoß seit Jahrzehnten unbeirrt weiter an.

Das Unverständnis und die Ungeduld über verpasste Gestaltungschancen und Handlungsspielräume haben inzwischen eine ganze Generation erfasst und zu der Entscheidung getrieben, freitags für ihre eigene Zukunft zu demonstrieren, anstatt die Schulbank zu drücken.

Wir sind hier, wir sind laut, weil ihr unsere Zukunft klaut!

– Fridays for Future

Zum Erreichen der Pariser Klimaziele müssten wir ab heute bis zum Jahr 2030 einen Entwicklungspfad beschreiten, der vollständig außerhalb unserer bisher erprobten Gesellschaftsentwürfe liegt. Egal ob Wirtschaft, Technik, Ökologie oder Soziales – die notwendigen Entwicklungsanforderungen überschreiten die Bandbreite dessen, was Gesellschaften überhaupt leisten können.[27] Es gleicht dem Versuch, einem Fisch das Fliegen beizubringen.

Sollten wir es also direkt bleiben lassen? Wenn wir nichts tun, dann landen wir am Ende dieses Jahrhunderts in einer 4-Grad-Welt mit verwüsteten Kontinenten, Überschwemmungen, Ernteausfällen und Dürre. Die gute Nachricht, ist dass wir die 4-Grad-Welt niemals erreichen werden, weil die Wirtschaft schon vorher unter den Hungersnöten, Konflikten und Kriegen zum Erliegen kommt. Die Welt geht also unter, und wir sind die letzte Generation, die das verhindern kann! Wirklich?

Allein die bestehende Infrastruktur zur fossilen Energieerzeugung wird das gesamte verbleibende CO_2-Budget des

1,5-Grad-Ziels (846 Gt) verbrauchen.[28] Auch im Pandemiejahr 2020 lagen die Emissionen nicht deshalb niedriger, weil
die fossile Infrastruktur geschlossen wurde, sondern weil sie
weniger genutzt wurde. Selbst wenn heute, jetzt und sofort
alle Deutschen aufs Fahrrad umsteigen, nie mehr fliegen
und sich vegetarisch ernähren, würde die Bundesrepublik
im Jahr 2030 immer noch zu viel CO_2 ausstoßen.

Hinzu kommt der Rebound-Effekt, den *alle* massiv unter-
schätzt haben. Vereinfacht ausgedrückt beschreibt der
Rebound-Effekt die Verwechslung von Effizienz mit Spar-
samkeit, sodass ein effizienterer Ressourcenverbrauch zu
Verbrauchssteigerungen statt Einsparungen führt. Diese
verblüffende Beobachtung reicht über 150 Jahre zurück, als
deutlich wurde, dass die Dampfmaschine zwar Kohle erset-
zen kann, doch diese gleichzeitig so billig macht, dass der
Kohleverbrauch wiederum steigt. Dieser Effekt sorgt bis
heute dafür, dass erreichte Entlastungen der Umwelt durch
gleichzeitig noch schneller wachsende Umsätze und Kon-
sumansprüche hinfällig werden. Ein Schritt vor, zwei Schritte
zurück. Das Ziel wäre »weniger«. Stattdessen stellen wir dank
beeindruckender Effizienzsteigerungen in den letzten Jahrzehnten immer mehr Dinge mit einem geringeren Verbrauch her und konsumieren davon auch mehr.

Wagen wir trotzdem ein Experiment: Was, wenn ich keine
persönliche Schuld tragen würde? Was, wenn ich mich nicht
schuldig fühlen würde für die Katastrophen dieser Welt?

Lassen wir all die Last-Minute-Aufrufe zum radikalen
Handeln und den ermüdenden Sofortismus zur Rettung der
Welt für einen Moment beiseite und gestehen uns ein, dass
wir die Klimakatastrophe nicht verhindern können. Was passiert dann?

Made by Human – wie leben wir eigentlich?

All das, was wir in den letzten Kapiteln erwähnt haben, ist dir sicher nicht ganz unbekannt. Und trotzdem fragst du dich: Ist die Umwelt- und Klimakrise unser größtes Problem und wenn ja, ist es überhaupt lösbar?

Und irgendwie kommt da auch dieser Zweifel in dir auf: Warum führen wissenschaftliche Fakten und Informationen nicht zum Umdenken?

Nehmen wir etwas Abstand, um besser erkennen zu können, in welcher Lage wir uns eigentlich befinden. Tauchen wir hinab auf den Meeresgrund, bohren ein tiefes Loch und lesen in den Schichten des Bohrkerns aus dem Buch der Erde. Es ist ein sehr dickes Buch, denn in den Sedimenten der Bohrungen im Meeresboden können wir 66 Millionen Jahre Klimageschichte unseres Planeten Erde lesen. Mithilfe ausgeklügelter chemischer Analysen wird deutlich erkennbar, dass die Erde die bislang schnellste und heftigste Klimaveränderung erlebt. Unser Planet ist auf dem Weg zu Temperaturen wie zuletzt vor 34 Millionen Jahren.[29]

Doch wir müssen gar nicht 66 Millionen Jahre zurückschauen, um zu erkennen, in welch außergewöhnlicher Situation wir uns befinden. Zum weltweiten Temperaturanstieg zwischen 1880 (kühl-blau) bis 2019 (gelb-rot-heiß) zeigt die Website der NASA eine sehr anschauliche Animation, die deutlich macht, dass allein das letzte Jahrzehnt das heißeste der Menschheitsgeschichte war.[30]

Unsere Situation ist sogar so außergewöhnlich, dass sie eine neue Epoche der gesamten Erdgeschichte beschreibt:

das Anthropozän. Es ist das Zeitalter des Menschen (zu Altgriechisch »ánthropos«, deutsch »Mensch« und »neu«), in dem die Menschheit als Ganzes zur geologisch prägenden Kraft des Erdsystems wird. Der Begriff wurde zu Anfang des 21. Jahrhunderts in die wissenschaftliche Diskussion eingebracht und ist seitdem in zahlreichen gleichnamigen Filmen und Büchern aufgegriffen worden. Der Beginn des Anthropozäns liegt in der Mitte des 20. Jahrhunderts, genau zu dem Zeitpunkt, als der menschliche Einfluss auf verschiedene Erdsysteme exponentiell anstieg. In nur 50 Jahren, einem Wimpernschlag in der Geschichte unserer Erde, sind wir aus den 10.000 Jahren der vorhergehenden Epoche mit dem Namen *Holozän* nun ins *Anthropozän* gewechselt, weil unser Einfluss auf verschiedenste Erdsysteme das Ausmaß eines geologischen Epochenwandels erreicht hat.

Doch führen all diese Konzepte, Fakten und Informationen zum Umdenken? Als Wissenschaftler habe ich lange geglaubt, dass die sachliche Erklärung von Zusammenhängen zu Einsicht und Veränderung führen kann. Dieser Glaube trägt den Namen »Informationsdefizitmodell« und beschreibt die aufklärerische Idee, alle Bürger[*]innen in ein volksgroßes Klassenzimmer zu setzen und mit Kreidetafel und Hausaufgaben zur Vernunft zu führen. Nach dem Motto: »Wenn doch nur alle verstehen würden, wie schlimm Zucker, Kohlestrom oder SUVs sind, dann benutzt sie auch keiner mehr.«

Als begeisterter Epidemiologe habe ich im festen Glauben an die Kraft des Arguments in verschiedenen Büchern versucht, die nachweisbaren Vorteile eines gesunden Lebensstils aktiv zu bewerben. Schließlich werden weltweit drei von vier Sterbefällen durch chronische Erkrankungen verursacht.[31] All diese unnötig verlorenen Lebensjahre können durch nur vier Faktoren nahezu vollständig vermieden werden: ausgewogene Ernährung, körperliche Aktivität und Verzicht auf Zigaretten und Alkohol. Wenn möglichst viele Menschen diese Informationen hätten, dann würden wir alle gesünder und länger leben. Doch so läuft es eben nicht. Zu hören, welche Konsequenzen unser Handeln trägt, führt nicht automatisch zum Verstehen. Zu verstehen, wie gut ein verändertes Handeln für uns oder unseren Planeten wäre, führt nicht automatisch zum Einverständnis. Und letztlich führt auch das Einverstandensein nicht automatisch zu verändertem Handeln.

Vor Kurzem ging ein Tweet der *Badischen Zeitung* viral, die bereits im Jahr 1988 titelte: »Experten warnen vor Klimakollaps.« Darunter ist zu lesen, dass mehr als 300 Wissenschaftler und Regierungsvertreter aus 40 Ländern davor warnen, »falls keine entsprechenden Maßnahmen ergriffen würden, werde der Treibhauseffekt der geschädigten Erdatmosphäre vor Mitte des nächsten Jahrhunderts die Temperaturen um 1,5 bis 4,5 °C steigen lassen«.[32] Wenn es nur um reine Aufklärung mittels wissenschaftlicher Fakten gehen würde, müssten zumindest die aufmerksamen Leser*innen der *Badischen Zeitung* seit den späten Achtzigern äußerst beunruhigt gewesen sein. Genau dieses Jahrzehnt, zwischen 1979 bis 1989, zeichnet der Aufsatz des inzwischen preisgekrönten Autors Nathaniel Rich nach. Ein Jahrzehnt, in dem wir schon (fast) alles über den Klimawandel wussten, was wir heute wissen, um die Umwelt- und Klimakrisen, die wir jetzt erleben, zu verhindern. Es ist die Chronik eines erbitterten Kampfes um öffentliches Interesse, die Anerkennung wissenschaftlicher Fakten und politische Maßnahmen zur Klimawende.[33]

Ein wirklich bestürzender Rückblick, der deutlich macht, dass alles, worüber wir heute reden, schon vor 30 Jahren ein Thema war.

Veränderung geschieht also nicht durch sachliche Informationen oder kühle Analysen, sondern wenn Menschen sich damit auseinandersetzen, was ihnen wichtig ist – wenn sie streiten. Deshalb wollen wir keine Aufklärungsschrift mit weitreichenden Analysen über den Zustand der Welt schreiben, sondern zuallererst fragen: Was ist dir wichtig auf dieser Welt?

Welche sind deiner Meinung nach die wichtigsten Probleme, denen Deutschland derzeit gegenübersteht?[34]

1.	Umwelt, Klimawandel	26%
2.	wirtschaftliche Lage	25%
3.	Einwanderung	17%
4.	Bildungssystem	16%
5.	Staatsverschuldung	15%
6.	Inflation & Lebenshaltungskosten	15%
7.	Arbeitslosigkeit	15%
8.	Gesundheit & soziale Sicherung	15%
9.	Kriminalität	11%
10.	Wohnungsbau	11%
11.	Renten	10%
12.	Terrorismus	5%

Seit 2007 erhebt und veröffentlicht die Europäische Kommission das Eurobarometer, eine jährliche Umfrage in allen Ländern der EU für Mitbürger*innen ab 15 Jahren. Im zeitlichen Verlauf wird deutlich, dass die Umwelt und der Klimawandel in Deutschland und in der gesamten EU immer stärker als Problem wahrgenommen werden, während zum Beispiel Terrorismus in der Relevanz deutlich sinkt. Wenn unser größtes Problem also doch die Umwelt- und Klimakrise ist, dann brauchen wir dafür nur passende Lösungen und das Problem verschwindet. Das wäre dann die radikale Transformation, die in so vielen Büchern, Konferenzen und Vorträgen herbeigeschrieben oder -rufen wird. Doch es entsteht erschreckend wenig Resonanz auf all diese Rufe.

All der Lärm beruht auf einem Missverständnis über die Natur unseres Problems – wir haben es nämlich mit einem verzwickten Problem (»wicked problem«) zu tun. Verzwickte Probleme lassen sich nicht mit klassischen Lösungsansätzen beheben. Wir können sogar sagen, eine »Lösung« ist hinfällig, weil keine Lösung der Komplexität des Problems Herr würde. Aus diesem Grund findet die notwendige »radikale Transformation«, über die in Talkshows und Wochenzeitungen debattiert wird und die als Merkmal gelingender gesellschaftlicher Entwicklung gilt, in den letzten Jahrzehnten einfach nicht statt.[35]

Aber was ist das nun genau, ein verzwicktes Problem?
Ein klassisches Beispiel für ein verzwicktes Problem ist das Botenproblem[36], bei dem Studierende der Mathematik den optimalen Reiseweg eines Handlungsreisenden durch die 15 größten Städte Deutschlands berechnen dürfen. Mit wenigen Städten wäre das Botenproblem noch praktisch lösbar,

aber bei 15 Städten steigt die Gesamtanzahl möglicher Reisewege auf 43.589.145.600 und erreicht bei 18 Städten bereits über 177 Billionen mögliche Reisewege. Der Grund dafür ist auch hier wieder der exponentielle Anstieg möglicher Kombinationen zur Lösung dieses Optimierungsproblems. Kommen noch weitere Parameter wie Spritverbrauch, Fristen oder Personal hinzu, wird die Lösung des Problems unendlich viel schwerer. Diese Art verzwickter Probleme taucht in unserer modernen Welt inzwischen in immer mehr Bereichen auf. Von der persönlichen Krebsbehandlung in der individualisierten Medizin, über risikooptimierte Aktienportfolios, bis hin zur Tourenplanung für Paketzusteller – in der Welt des Jahres 2021 ist die binäre Vorstellung von 1. Problem und 2. Lösung hinfällig. Die meisten unserer Probleme sind verzwickte Probleme. Diese lassen sich in zwei Gruppen unterscheiden. In der ersten Gruppe wird, wenn alle Merkmale des Problems bekannt und mathematisch beschrieben sind, die Berechnung einer optimalen Lösung einem leistungsfähigen Computer überlassen, und wir handeln dann als Mensch danach. Zum Beispiel nutzt der US-Paketdienst UPS seit 2013 zur Tourenplanung das Navigationssystem ORION (On-Road Integrated Optimization and Navigation), um Lieferfristen für einzelne Pakete, angemeldete Abholungen, spezielle Kundenwünsche sowie Echtzeitdaten zum Verkehrsfluss zu berücksichtigen[37], genauso wie die Deutsche Bahn ihre Einsatzpläne auf diese Weise optimiert.

Die zweite Lösungsgruppe beschreibt Näherungsverfahren, um unter unklaren Bedingungen und in kurzer Zeit eine Lösung zu finden und irgendwie weitermachen zu können. Dieser Lösungsansatz erlaubt jedoch keine

Qualitätseinschätzung, eben weil die Parameter der Lösungs-
grundlage unbekannt sind. Die gefundene Lösung kann also
beliebig schlecht sein.

Damit wären wir wieder bei der Realpolitik zum Thema
»Umwelt und Klima« angelangt. Unsere Antwort auf verzwickte Probleme lautet: muddling through (deutsch:
»Durchwurschteln«). Dieses Konzept der Organisations-
theorie ist die rationale Antwort auf Entscheidungssituatio-
nen, in denen nicht nur das Problem unvollständig beschrieben ist, sondern auch die Konsequenzen unabsehbar sind.
Anhören, abwarten, eine Kommission einsetzen – wissenschaftlich bezeichnet als »approximative Lösungsme-
thode« – können wir immer nur Annäherungen eines
Lösungsversuchs unternehmen, eben weil es für verzwickte
Probleme keine Lösung im herkömmlichen Sinne gibt.

Hinzu kommen blinde Flecken, die es auch in der Diskussion um den Umwelt- und Klimaschutz gibt. Alle reden
über Autos, Flugreisen und Mülltrennung. Doch auf fast
acht Milliarden Erdenbürger kommen über 80 Milliarden
Nutztiere (Schweine, Rinder, Geflügel, Schafe und Ziegen),
die 300-mal mehr Wasser und 300-mal mehr Land verbrauchen, die Hälfte der weltweiten Getreideernte verspeisen
und 10-mal mehr CO_2 ausstoßen als der Mensch.[38] Dementsprechend geht der zweitgrößte Anteil aller Klimagasemis-
sionen (nach fossilen Rohstoffen mit 60 Prozent auf Platz
#1) mit 21 Prozent auf die Land- und Forstwirtschaft zurück.[39]

Nun zu behaupten, der Klimawandel wäre demnach überhaupt nicht menschengemacht, sondern tierisch verursacht,
ist zu kurz gedacht. Vielmehr geht es um unseren Umgang
mit anderen Tieren und Lebewesen. Der Veganismus gilt als
Ernährungsform ohne Tierprodukte nicht nur als gesund-

heitsfördernd, sondern auch als höchst wirksame Form des politischen Aktivismus gegen Naturverbrauch und Umweltzerstörung.[40] Umwelt- und Klimaschutz könnten also schon auf dem eigenen Teller beginnen.[41] In unserem Kapitel »Deine erste MTV-Dinnerparty« haben wir auch einen eigenen Entwurf für dieses Thema – aber vorher gibts noch etwas Futter fürs Köpfchen.

Das Gegenteil von nachhaltig ist nachhaltig gemeint

Okay, die Umwelt- und Klimakrise ist ein verzwicktes Problem, aber warum, WARUM wird es nicht wenigstens stückweise besser?

Wir fassen zusammen: Unser Problem heißt »Umwelt und Klima«, und es handelt sich dabei um ein verzwicktes Problem. Doch ist es damit unlösbar? Es wäre nicht überraschend. Die Weltgeschichte kennt viele ungelöste Probleme. Allein zum Untergang des Römischen Reichs hat der Historiker Alexander Demandt in seinem Standardwerk *Der Fall Roms* ganze 227 Gründe versammelt, um zu erklären, was nicht erklärt werden kann. Wir wissen es bis heute nicht genau. Was wir aber inzwischen wissen, ist, dass die Krisen dieser Welt keine singulären, also voneinander unabhängigen Erscheinungen sind. Der Schock hat System.

Da Umweltrisiken bislang eher isoliert, nur in einzelnen Bereichen untersucht wurden, ist diese Erkenntnis noch recht jung. Klimawissenschaftler betrachten das Klimasystem, Biologen betrachten die Artenvielfalt, Agrarwissenschaftler die Böden und Ökonomen die Wirtschaft. Eine beunruhigende Zusammenschau dieser verschiedenen Bereiche wurde im Jahr 2019 vorgelegt.[42] Darin wurde deutlich, dass die scheinbar unterschiedlichen Kipp-Elemente stärker miteinander verbunden sind und sich auch stärker beschleunigen als bislang angenommen. In diesen neun Kipp-Elementen ist die Situation akut:[43]

1. Grönlands Eisschmelze
2. Waldbrände
3. Austrocknen des Amazonas
4. Abschmelzen des arktischen Meereises
5. Abschwächung des Golfstroms
6. Eisschmelze West-Antarktis
7. Tauende Permafrost-Gebiete und Methanfreisetzung
8. Absterben tropischer Korallenriffe
9. Eisschmelze Ost-Antarktis

Diese Kipp-Elemente im Klimasystem der Erde führen zu drastischen und unumkehrbaren Veränderungen, da sie in ihrer Abfolge, wie bei einem Kartenhaus, gleichzeitig Ursache und Wirkung bedienen. Zum Beispiel haben die großen Eisschilde in Grönland und der Arktis ihren Kipppunkt bereits überschritten – nun schmilzt das Eis unumkehrbar. Der Startschuss auf dem Weg in eine eisfreie Welt ist schon gefallen.[44] Das Kartenhaus fällt in sich zusammen, und ein Aufhalten ist unmöglich. Das bedeutet: Auch ohne weiteres Zutun entfaltet sich die Instabilität in der Westantarktis und weitere Eismassen kommen ins Rutschen. Damit steigt der Meeresspiegel an, und es gilt, sich in Sicherheit zu bringen. So verlegt Indonesien seine Hauptstadt Jakarta bis 2024[45], und beliebte Metropolen wie Hamburg, Amsterdam oder New York werden ebenfalls vom steigenden Meeresspiegel betroffen sein.

Erst in den letzten Jahren haben verschiedene Studien begonnen, darauf hinzuweisen, dass die verschiedenen Krisenerscheinungen sich nicht nur wechselseitig bedingen, sondern auch gegenseitig verstärken.[46] Stets verbunden ist damit die Warnung vor einer drohenden Entgleisung von

Gesellschaft und Umwelt, bedingt durch soziale Konflikte, Wirtschaftskrisen, Flucht und Hunger[47]. Während die physikalischen Prozesse der Erderwärmung seit Jahrzehnten felsenfest verstandene Wissenschaft sind, rücken die komplexen Wechselwirkungen zwischen Klimawandel, Ökosystemen, Wirtschaft, Gesellschaft und Gesundheit erst seit Kurzem in den Vordergrund.[48] Tatsächlich entfalten wir allerlei Aktivitäten, um unser Problem »Umwelt und Klima« zu lösen. Im Ergebnis erinnern diese jedoch oft an den Zauberlehrling aus der berühmten Ballade von Johann Wolfgang von Goethe: Der Lehrling versucht sich im Zaubern und verwandelt einen Besen zum Knecht, um Wasser vom Fluss zu holen; verliert dann aber die Kontrolle und verschlimmert die Situation am Ende durch seinen verzweifelten Versuch, den Zauber zu stoppen.

Auch viele unserer Anstrengungen zur Verlangsamung der Umwelt- und Klimakrise führen zu dem paradoxen Ergebnis beschleunigter Krisen. Statt grüner Mobilität erhöhen Bio-Kraftstoffe den Flächenverbrauch für Palmölplantagen und fördern Brandrodungen. Oder statt einer grünen Alternative zu Kohle und Erdöl beschleunigt Erdgas den Klimawandel durch hohe Emissionen von Methan – einem Molekül das etwa 25-mal klimawirksamer als CO_2 ist.[49]

Dabei wird deutlich, dass die vermeintlichen »Lösungen« oftmals demselben Muster folgen, das ursprünglich zur Entstehung des Problems geführt hat. Schmutzige Autos? Die fahren jetzt doch mit Batterien! Hoher Energieverbrauch? Wir dämmen jetzt doch alle Häuser! Winterferien auf Bali? Wir fliegen doch CO_2-neutral mit synthetischem Kerosin.

Das unausgesprochene Versprechen lautet: Wir brauchen nur eine Lösung für dieses lästige Kohlendioxid und dann geht die Party weiter! Doch keine Krise ist mit denselben Mitteln zu lösen, die die Krise hervorgerufen haben. Das Verhältnis zwischen Mensch und Natur scheint viel grundsätzlicher gestört zu sein, als CO_2-Grenzwerte oder sonstige wissenschaftliche Vermessungen der Umwelt- und Klimakrise vermuten lassen. Unsere Zukunft wird mehr hergeben müssen als eine grün angestrichene Wachstumsfantasie der Gegenwart.

Eine Frage – drei Antworten

Wie geschieht Wandel?
Thekla:
Wir können alles erreichen – wenn wir nur wissen, was wir erreichen wollen. Was ist Wandel? Wandel an sich ist wohl nicht mehr als eine Worthülse – die jede*r von uns für sich alleine formulieren kann. Sobald wir sie mit Leben, Sehnsüchten, Visionen füllen, geschieht Wandel von alleine – denn zu »wandeln« ist ja nur eine Art, vorwärtszukommen. Genauso gut können wir schleichen, rennen, springen. Die Frage ist nur, wohin.

Robin:
Auf die Gegenwart zu schauen, als wäre es die Zukunft, ohne die beiden zu verwechseln.

Du:
_____

_____

_____

Immer nur Eisbären

*Jetzt halte mich nicht für verrückt, aber kann mensch die Umwelt-
und Klimakrise auch fühlen?*

Im vorherigen Kapitel haben wir erkundet, dass Wissen und
Verstehen zwar eine notwendige, aber keine hinreichende
Grundlage für die Lösung unserer Umwelt- und Klimakrise
sind. Im Grunde ist doch alles gesagt. Die Literatur zu den
Ursachen, den Folgen und dem Fortgang der Umwelt- und
Klimakrise ist in den letzten Jahrzehnten exponentiell ange-
stiegen. Allein im Jahr 2020 hat das Potsdam-Institut für Kli-
mafolgenforschung mehr als 500 Studien in hochrangigen
Fachzeitschriften publiziert. Kluge Wissenschaft, basierend
auf Daten, zusammengefasst in Publikationen – 500 Arbeiten aus nur einem Institut, in nur einem Land, in nur einem
Jahr.[50] Und während sich die Erkenntnisse der Klimafor-
schung und Naturwissenschaft weiter zuspitzen, wird es
immer klarer: Wir haben kein Erkenntnisproblem – wir
haben ein Umsetzungsproblem.

Theoretisch sind uns die Krisen dieser Welt schon lange
klar, nur selbst gespürt hat sie eben noch kaum jemand. Als
»Hyperobjekte« (Timothy Morton) bezeichnet mensch Themen wie Klima, Demokratie oder Ökologie – Themen, die
zu groß, zu abstrakt und oft auch einfach zu weit weg sind,
um sie persönlich und körperlich zu erleben. Leipzig hat
eben keine tropischen Wirbelstürme, Köln keinen Trinkwas-
sermangel und Freiburg keine Ernteausfälle. Wir können
Hyperobjekte nicht fühlen, riechen oder schmecken. Und
so erzählen wir uns die Umwelt und Klimakrise seit vielen
Jahrzehnten in Bildern von traurigen Eisbären, berstenden

Gletscherkanten oder Styropor pickenden Möwen. Alles sehr weit weg. Hinzu kommt eine technische Sprache rund um Kohlenstoff-Grenzwerte, Gigatonnen, Emissionszertifikate und Biodiversität. Was soll das alles bedeuten? Was hat das mit mir zu tun?

Nicht nur die Bilder, auch die Wörter sind weit weg. So weit weg, dass es uns nicht schwer gefallen ist, sich an sie zu gewöhnen. *Apocalypse Fatigue* lautet die Diagnose. Angesichts der Herausforderungen der Gegenwart ist eine gewisse Apokalypse-Müdigkeit bei vielen von uns eingekehrt. Die neuesten Nachrichten, Bilder und Prognosen zum Untergang der Welt locken nur noch wenige vom Sofa auf die Straße.

Unternehmen wir einen Selbstversuch, zur Erfahrung unterschiedlicher psychologischer Distanz. Bitte lies einmal die beiden folgenden Absätze A) und B), spüre nach und entscheide dann, welcher Absatz dir näher geht.

A) In Europa verursachen Feinstaub und die damit verbundenen gesundheitlichen Belastungen jährlich mehr als 400.000 Todesfälle.

B) Die 9-jährige Ella lebt im London in der Nähe einer Autobahn, dem südlichen Stadtring. Dort ist die Luft stark verschmutzt durch Feinstaub, Stickoxide und andere Schadstoffe. Weil Ella Asthma hat, wäre saubere Luft besonders wichtig für sie. Doch am 15. Februar 2013 bekommt Ella plötzlich keine Luft mehr und stirbt an einem akuten Asthmaanfall.

A) und B) beschreiben denselben Fakt: In europäischen Städten kann kaum jemand saubere Luft atmen. Doch während wir die wirkliche Bedeutung von A) routiniert distanzieren können[51], kommt B) uns doch näher und wird emotional spürbar. Bahnbrechend ist das, was auf den tragischen Tod der kleinen Ella folgt. Nach einer jahrelangen juristischen Auseinandersetzung um die zugrunde liegende Todesursache, gewinnt Ellas Mutter den Fall im Jahr 2020 mit einem richtungsweisenden Urteil: Erstmals wurde Luftverschmutzung als Todesursache von einem Gericht offiziell anerkannt.[52] In vielen Teilen Londons herrscht seit Jahrzehnten eine hohe Luftverschmutzung, mit Feinstaubwerten weit über den Richtlinien der EU, der Weltgesundheitsorganisation und Großbritanniens selbst. Die Verantwortung für das »Recht auf Leben« (Artikel II der Europäischen Menschenrechtskonvention) fällt nun jedoch auf die britische Regierung zurück, da sie die Öffentlichkeit nicht vor gefährlich starker Luftverschmutzung schützt.

Deshalb ist das Urteil richtungsweisend: Es erkennt erstmals an, dass Luftverschmutzung nicht nur ein großes Risiko für die menschliche Gesundheit ist, sondern auch die gesamte Bevölkerung betrifft: Kinder, Senioren, Kranke, Gesunde, Arme, Reiche – eben alle[53], und dass es die Aufgabe der Regierung ist, dieses Problem in den Griff zu bekommen.

Es sind Geschichten von echten Menschen, mit echten Leben und echten Problemen, die uns erreichen und die psychologische Distanz spürbar reduzieren. Zu hören, dass zwischen den Jahren 1994 und 2017 weltweit insgesamt 28 Billionen Tonnen Eis geschmolzen sind[54], ist erstmal nur eine hohe Zahl, die mich erstaunlich kaltlässt. Der Anblick der auf nackten Felsen errichteten Gedenktafel für den verschwundenen isländischen Gletscher *Okjöull* hingegen geht mir unter die Haut.

Culture makes people understand each other better. And if they understand each other [...], it is easier to overcome [...] barriers. But first they have to understand that their neighbour is [...] just like them, with the same problems, the same questions.

– Paulo Coelho[55]

Vergangenheit

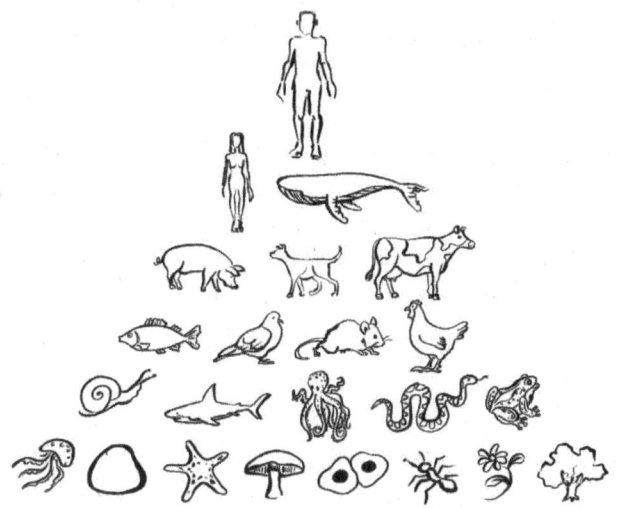

Zukunft

Wir sind die 0,01 Prozent

Wen wollen wir hier eigentlich retten?

Moral oder Pflichtgefühl retten weder das Klima noch unseren Planeten. Wir retten nicht die Natur – wir retten uns. Wir klopfen uns inmitten größter Katastrophen den (Fein-)Staub von der Kleidung, krempeln die Ärmel hoch und wollen das Klima retten. Dabei ist gar nicht das Klima in der Krise, sondern wir, die Menschheit. Stirbt die Menschheit aus, könnte die Erde regenerieren. Es ist kein Geheimnis: Unser Planet braucht uns nicht.

Auch Ignorieren, Aufschieben oder Distanzieren sind für sich genommen keine Probleme, sondern die Symptome unserer Krise. Einer Krise, die uns zu einer bewussten Entscheidung zum Umgang mit der Welt zwingt. Die Natur wird uns nicht den Gefallen tun, uns vor uns selbst zu retten.

Während die Menschheit mit ihren knapp 8 Milliarden Angehörigen nur 0,01 Prozent der gesamten Biomasse der Erde ausmacht, übersteigt die Masse an menschengemachtem Material seit dem Jahr 2020 die gesamte lebende Biomasse (1,1 Teratonnen). Es gibt also mehr Plastik, Beton, Metall, Asphalt und Backsteine, als die gesamte globale Biomasse aller Bäume, Sträucher und Tiere ausmacht.[56] Allein die Masse an Plastik übersteigt das gesamte Gewicht aller Land- und Meerestiere.

Dieser gewichtige Beleg für den massiven Einfluss des Menschen auf die Biosphäre untermauert die Epochenbezeichnung »Anthropozän« und stellt uns vor die Frage: Was passiert eigentlich mit den anderen 99,99 Prozent?

Ein Blick auf die vorherige Abbildung verrät unser aktuelles Selbstbild: wir gegen die Natur – die 0,01 Prozent gegen den Rest. Dieses Selbstbild gerät durch die Umwelt- und Klimakrise ins Wanken. Denn diese rückt uns viel näher, als Studien, Fakten oder Bilder es jemals vermitteln könnten. Sie kommt ganz nah. So nah, dass die Unterscheidung zwischen Mensch und Natur hinfällig ist.

Beim Anblick der Waldbrände in Australien oder der dahinschmelzenden Gletscher in der Arktis macht es einfach keinen Sinn mehr, von »Umweltproblemen« oder »Naturkatastrophen« zu sprechen. Es ist auch nicht die Umweltkrise einer Biosphäre oder sonstiges Vokabular der Distanzierung – auch bei 4°C Erderwärmung wird es noch blühendes Leben auf der Erde geben – es ist viel direkter, viel existenzieller, so nah, dass Teilnahmslosigkeit unmöglich wird.

Die Menschheit steckt in der Krise.

Bei SARS-CoV-2, also dem mutierten und auf Menschen übertragenen Coronavirus, soll ausgerechnet ein malaiisches Schuppentier der Auslöser gewesen sein.[57] Dieses vom Aussterben bedrohte Säugetier lebt als nachtaktiver Einzelgänger zurückgezogen in südostasiatischen Regenwäldern. Es darf nicht gefangen, nicht getötet und nicht verkauft werden. Doch sein Fleisch gilt als Delikatesse, die Schuppen werden als medizinisches Wundermittel gehandelt, und die Schwarzmarktpreise sind hoch. Also rückt der Mensch dem Schuppentier auf die Pelle. Vor Kurzem noch gehörten Schuppentiere zu den am häufigsten illegal gehandelten Säugetieren weltweit. Ausgerechnet dieses wehrlose Säugetier überbringt kurz vor seiner Auslöschung die Botschaft, dass die Wahrscheinlichkeit von Zoonosen steigt (Fachwort für die Übertragung von Infektionserkrankungen zwischen Tier und Mensch), je näher der Mensch dem Wildtier kommt. Der Ursprung von Ebola und SARS wurde zu Fledermäusen zurückverfolgt, bei der Vogelgrippe sind es Hühnervögel, und der Nipah-Virus wurde mit intensiver Schweinezucht in Verbindung gebracht. Allein zwischen den Jahren 2011 und 2018 hat die WHO eigenen Angaben nach insgesamt 1.483 Epidemien bekämpft.[58] Der Zusammenhang zwischen zunehmender Landzerstörung, sinkender Biodiversität und Zoonosen ist systemisch.[59]

Die Grenze, die wir zwischen Mensch und Natur gezogen haben, gab es nie. Wir sollten anerkennen, dass die Gesamtheit aller Lebewesen aktiv teilhat an einer gemeinsam geteilten Umwelt. Es geht um die Verbundenheit und gegenseitige Abhängigkeit, von Raupe bis Raubvogel. Es gilt eine neue Rolle zu finden, als Teil dieser Welt. Klimawandel, Naturschutz, Artenvielfalt, Wirtschaft, Nahrungsmittelproduktion und Gesundheit – nichts davon kann isoliert betrachtet werden.[60] Denn es geht nicht darum, die Natur zu schützen oder die Artenvielfalt zu verteidigen – nein, es geht um uns.

Gerechtigkeit

Gleichberechtigung

Social Justice*

*Annerkennungs-,
Verteilungs-, Befähigungs-,
Verwirklichungsgerechtigkeit

Eine geteilte Erde

Ich wage es mal und stelle die großen Fragen: Vor welchen globalen Herausforderungen steht die Menschheit? Ist Nachhaltigkeit wirklich unser größtes Problem?

Der *Global Risk Report* ist eine jährliche Umfrage zur Wahrnehmung globaler Risiken. Befragt werden rund 1.000 Entscheidungsträger aus Wissenschaft, Wirtschaft, öffentlichem Sektor und Zivilgesellschaft. Die inzwischen 16. Auflage zeigt im Jahr 2021 eine deutliche Verschiebung, mit folgenden drei Hauptrisiken für die Welt: Extremwetterereignisse, Versagen der Klimapolitik und Naturkatastrophen.

Noch im Jahr 2010 waren die drei wahrgenommen Hauptrisiken für die Welt ein möglicher Börsenabsturz, sinkendes Wirtschaftswachstum in China und die Zunahme chronischer Erkrankungen.[61] Inzwischen hängen die wahrgenommenen zehn Top-Risiken dieser Welt alle mit dem Klimawandel und der Überschreitung natürlicher, planetarer Grenzen zusammen.

Die Idee, dass die Menschheit ein gemeinsames Schicksal teilt, ist mindestens so alt wie die »Allgemeine Erklärung der Menschenrechte« aus dem Jahr 1948. Damals hatte die Weltbürgerbewegung so bekannte Unterstützer wie Albert Einstein oder Albert Camus. Äußerst medienwirksam war zu dieser Zeit auch die Aktion des Schauspielers Garry Davis, der seinen US-amerikanischen Pass abgab, um sich zum »Weltbürger Nr. 1« zu erklären.[62] Der dazugehörige Film *The World is My Country* bringt nicht nur die Vision einer friedlichen Welt ohne Grenzen zum Ausdruck, sondern bebildert auch das Verständnis, dass wir eine Menschheit sind, die vor globalen Herausforderungen in einer globalisierten Welt steht. Es lohnt sich auf jeden Fall, die 30 allgemeinen Menschenrechte zu lesen – vielleicht sogar jetzt?

Es scheint, als wäre uns klar, dass wir als eine Menschheit vor globalen Herausforderungen in einer globalisierten Welt stehen. Wenn sich nun *alle* Menschen auf der Welt anstrengen würden, dann könnten wir gemeinsam die Umwelt- und Klimakrise abwenden. Ja, die Welt trägt fast 8 Milliarden Bewohner*innen, und jede*r Einzelne hinterlässt jeden Tag einen eigenen CO_2-Abdruck. Doch den Zustand unserer Welt nur im Hinblick auf ökologische Nachhaltigkeit zu bewerten lenkt vom Wesentlichen ab. Tatsächlich bietet die Gerechtigkeitsperspektive ein weitaus klareres Bild, denn globale Ungleichheit ist die Wurzel der Nachhaltigkeitsproblematik.

Das reichste 1 Prozent (80 Millionen Menschen) produziert doppelt so viel CO_2 wie die ärmere Hälfte der Weltbevölkerung (3,5 Milliarden).[63]

Die G20-Länder (eine Gruppe von 19 Ländern plus der EU) verursachen fast 80 Prozent aller weltweiten CO_2-Emissionen.[64]

Unser Mehr ist ein Weniger der anderen, inklusive aller damit verbundenen sozialen, ökologischen und gesundheitlichen Konsequenzen.[65]

Kurz gesagt: Die Reichsten schaden unserem Planeten am meisten. Die Ärmsten leiden am stärksten darunter.[66]

Tatsächlich ist nicht jeder Lebensstil gleich. In Deutschland gehören zum Beispiel sehr viele Menschen zu den obersten 10 Prozent der Weltbevölkerung, weil Deutschland im weltweiten Vergleich ein sehr reiches Land ist. Diese obersten 10 Prozent der Welt sind insgesamt 700 Millionen Menschen, die nicht nur 50 Prozent der weltweiten CO_2-

Emissionen verursachen, sondern gleichzeitig über die meisten Ressourcen und Möglichkeiten verfügen, um Lösungen zu erarbeiten und auch umzusetzen.[67] Es wird deutlich, dass die globale Gerechtigkeitsfrage der härteste Prüfstein unserer Zeit ist. Die Frage lautet: Wie verhalten sich jene, die Schäden verursacht haben und weiter verursachen, gegenüber denen, die unter diesen Schäden leiden.

Die bislang dominante Strategie hat der Soziologe Stephan Lessenich in seinem Buch *Neben uns die Sintflut. Die Externalisierungsgesellschaft und ihr Preis* scharfsinnig erläutert. Es ist der Versuch, die Gerechtigkeitsfrage durch Externalisierung unsichtbar zu machen. Externalisierung bedeutet, etwas von innen nach außen zu verlagern und damit etwas Sichtbares unsichtbar zu machen, zum Beispiel Müll, Umweltschäden oder unzumutbare Arbeitsbedingungen. Durch die Auslagerung (»Outsourcing«) der Produktion von Kleidung, Autos und unendlich vielen anderen Konsumgütern in weit entfernte Länder geraten die damit verbundenen Gerechtigkeitsfragen aus dem Blick. Unter welchen Bedingungen wird meine Jeans eigentlich hergestellt? Werden die Menschenrechte bei der Produktion eingehalten und faire Löhne gezahlt? Verursacht die Produktion gesundheitliche Belastungen für die Belegschaft oder Umweltschäden?

Klar ist, durch Auslagern oder Unsichtbarmachen verschwindet keine der Gerechtigkeitsfragen der globalen Umwelt- und Klimakrise. Was wir erfolgreich unter die Teppiche kehren, ist das globale Ungleichgewicht und die Abhängigkeit unseres Wohlstands von Ressourcen, Menschenrechtsverletzungen, Ausbeutung und Umweltschäden in anderen Ländern. Oder mit den Worten von Ste-

phan Lessenich: »Wir leben keineswegs über unsere Verhältnisse. Wir leben über die Verhältnisse anderer.« Die
dringend notwendige Verbindung zwischen Klimawandel,
nachhaltiger Entwicklung und globaler Gerechtigkeit eröffnet der Autor Ian Gough in seinem Buch *Heat, Greed and
Human Need*. Darin thematisiert er die auffällige Abwesen-
heit globaler Gerechtigkeitsfragen in der internationalen
Klimadebatte sowie das schreiende Repräsentationsdefizit.
Die Menschen, die am stärksten von Umwelt- und Klimakrisen betroffen sind, sitzen nicht mal mit am Tisch.
Ihre Klagen bleiben ungehört.

Wenn wir weiterhin kein Interesse daran haben, Menschheit
zu sein, werden wir an den globalen Herausforderungen
unserer Zeit scheitern. Für die Krisen unserer Zeit brauchen
wir ein neues Wir!

Statt Abschottung, Vertragskündigungen, Schuldzuwei-
sungen und nationaler Alleingänge braucht die Welt *mehr*
Kooperation und bindende internationale Verträge. Das
zunehmende Bewusstsein für eine geteilte Erde drückt sich
auch in der Initiative zu einem Weltklimagerichtshof aus.
Denn anstatt Umweltkosten und -schäden zu externalisie-
ren, also in andere Länder auszulagern, wäre deren Krimina-
lisierung ein Schritt zur Verantwortungsübernahme. Und
tatsächlich drängt das Europäische Parlament auf Einstu-
fung des Ökozids als Straftatbestand im internationalen
Recht, also als internationales Verbrechen. In einzelnen
Ländern findet dieses erweiterte Rechtsverständnis bereits
Anwendung. So wurde der Bau der dritten Startbahn für den
Londoner Großflughafen Heathrow wegen Nichtüberein-
stimmung mit dem Pariser Klimaabkommen in einem bahn-

brechenden Urteil ebenso gestoppt[68], wie der oberste Gerichtshof Indiens nun einzelne Bundesstaaten haftbar macht, wenn ihre Bewohner keinen Zugang zu sauberer Luft und sauberem Wasser haben[69].

Als Antwort auf globale Herausforderungen reicht es eben nicht, ein Elektroauto zu kaufen, das Haus zu dämmen und Solarzellen aufs Dach zu setzen. So toll wie das alles ist, wird es weder den Klimawandel aufhalten noch unsere moralische Pflicht zur Rettung des Planeten erfüllen.[70] Tatsächlich braucht es also beides – Politik und Lebensstil – um die globale Gerechtigkeitsfrage zu beantworten. Ein ermutigendes Beispiel ist das Einwegverbot der EU für Besteck, Strohhalme, Wattestäbchen und andere Wegwerfprodukte aus Plastik, denn von den Millionen Tonnen Plastikmüll in unseren Meeren besteht ein Großteil aus Einwegprodukten. Die gesundheitlichen Folgen für Tier (Nahrung) und Mensch (Mikroplastik) sind schon heute teilweise verheerend. Zuletzt regnete es sogar Mikroplastik in den Rocky Mountains und anderen bislang unberührten Orten.[71] Auf das Einwegverbot der EU folgte China mit einem Verbot von Einwegprodukten und Plastiktüten.[72]

An diesem Beispiel wird deutlich, dass internationale Abkommen und eine verbindliche Gesetzgebung überhaupt erst die notwendigen Voraussetzungen für den Wandel unseres Lebensstils schaffen. Gemeint ist der Unterschied zwischen den alltäglichen, individuellen Konsumentscheidungen von knapp 450 Millionen EU-Bürger*innen *gegen* Plastikstrohhalme im Vergleich zur Wirksamkeit einer EU-weiten Rahmensetzung (und der damit verbundenen Entscheidungsentlastung für jeden Einzelnen von uns).

Ja, jede*r einzelne Bürger*in kann einen Beitrag leisten – aber wozu genau? Die Verengung der Klimadebatte auf den persönlichen Lebensstil lenkt unsere Aufmerksamkeit vom Wesentlichen ab – und das soll so sein. Wenn nur 100 Konzerne für 70 Prozent der weltweiten CO_2-Emissionen verantwortlich sind, sollten wir aufhören, uns in sozialen Netzwerken gegenseitig für Kurzurlaub-Flugreisen oder Dieselautos zu kritisieren und stattdessen systematische Zusammenhänge zwischen Wirtschaft (Wachstumszwang), Umwelt (Naturzerstörung) und Gesellschaft (Konsumismus) in den Blick nehmen.

Derzeit schafft es kein einziges Land der Erde, die grundlegenden Bedürfnisse seiner Bevölkerung (Ernährung, Elektrizität, Armutsbekämpfung) auf global nachhaltige Weise zu stillen.[73] Dadurch entsteht zwangsläufig eine Konkurrenzsituation um Böden, Wasser und Rohstoffe.

Geht nicht? Gibt's nicht!

Weniger Konsum, weniger Mobilität, weniger Wachstum – warum hat die Pandemie geschafft, was die Umwelt- und Klimabewegung seit Jahrzehnten fordert?

Noch im September 2019 präsentierte Angela Merkel das bescheidene Klimapaket der Bundesregierung, verbunden mit dem ausweichenden Hinweis: »Politik ist das, was möglich ist.« Zeitgleich wurden die weltweiten Proteste der Fridays for Future Bewegung und der Aufschrei des Unverständnisses über das Ausmaß des politischen Handlungsversagens jeden Freitag lauter. Nur wenige Monate später hat ein winziger Stachelball aus Protein und RNA das geschafft, was ein halbes Jahrhundert leidenschaftlicher Demonstrationen der Umwelt- und Klimabewegung vergeblich forderte: der heiß gelaufenen Wachstumsmaschine den Stecker zu ziehen und die Weltwirtschaft abzukühlen. Fabriken, Flughäfen, Kreuzfahrtschiffe und Skilifte – alles, was bis dahin unaufhaltsam schien, kam zum Stillstand. Im Zuge der globalen Pandemie wurden wir Zeuge des größten sozialen Experiments der Menschheit. Nach wissenschaftlicher Anleitung wurde die halbe Weltbevölkerung ausgebremst, und die Wachstumsmaschine hielt einfach an. Ein systemischer Schock, ein Einschnitt in das Leben der Bevölkerung, wie bei uns wohl zuletzt der Fall der Berliner Mauer 1989.

Die politische Reaktionsschnelligkeit der Staaten dieser Welt zur Bewältigung der Pandemie löste einige Irritationen in der Umwelt- und Klimabewegung aus. Zu erleben, mit welcher Entschlossenheit welch ein einschneidender Umfang an gesellschaftlicher Veränderung mit deutlichen Erholungseffekten verschiedenster Natursysteme *grundsätzlich möglich ist*, empört nicht nur Transformationswissenschaftler, sondern eigentlich alle Menschen, die an einer nachhaltigen Gestaltung der Zukunft unseres Planeten interessiert sind. Spätestens seit dem Jahr 2020 ist allen klar: Geht nicht, gibt's nicht. Nachdem die Ökologiebewegung seit 60 Jahren vergeblich versucht, eine politische Antwort auf unser krisenhaftes Verhältnis zur Welt zu finden, hat die Pandemie gezeigt, dass und was alles möglich ist.

Eine neue Arbeits- und Urlaubsmobilität, verändertes Freizeitverhalten, weniger Produktion und weniger Konsum – die erzwungene Entschleunigung führte zu massiv reduzierten Treibhausgas-Emissionen und einem Rückgang der weltweiten CO_2-Emissionen im Pandemiejahr 2020 um 7 Prozent (im Vergleich zu 2019).[74] Damit wurden genau die 7 Prozent jährlicher Reduktion des weltweiten CO_2-Ausstoßes erreicht, die wir über den Zeitraum der nächsten zehn Jahre bräuchten, um das vereinbarte Ziel des Pariser Klimaabkommens zu erreichen: weniger als 1,5°C Erderwärmung.[75]

Und so bringt die Pandemie dem Fisch das Fliegen bei.

Entgegen aller Prognosen hat auch Deutschland im Jahr 2020 seine Klimaziele knapp erreicht. Für dieses Jahr hatten wir uns vorgenommen, die Emissionen 40 Prozent unter den Wert von 1990 zu senken. Tatsächlich hat sich die Konzentration von Treibhausgasen in der Atmosphäre seit 1990 um 43 Prozent erhöht.[76] Als völlig außerhalb des Erreichbaren war dieses Ziel schon längst abgeschrieben. Doch dann kam die Pandemie und das Zurückfahren des öffentlichen und wirtschaftlichen Lebens. Als Ergebnis wurde der Wert von 1990 um 42 Prozent unterschritten und das Klimaziel damit übererfüllt. Doch nicht nur das, auch die Natur atmete auf: Fische im klaren Wasser der Kanäle von Venedig, Wildschweine in den Straßen von Barcelona, Koyoten an der Golden Gate Bridge in San Francisco, Schafe auf verlassenen Spielplätzen in Wales – diese Bilder gingen um die Welt. Auch in einst smogverhangenen Städten gab es ein großes Aufatmen. Die klare Luft über Wuhan war selbst vom Weltall aus erkennbar. Schulkinder in Kathmandu konnten erstmals den Mount Everest in der Ferne erblicken. Die Abnahme menschlicher Aktivität konnten Seismologen sogar durch einen Rückgang der Vibrationen der Erdoberfläche messen. Kurz gesagt: Der Co2rona-Effekt hat die Klimaziele erfüllt, die Natur erholt und die Erde beruhigt. Doch es wäre bitter zu behaupten, dass Corona die beste Klimapolitik macht. Das Erreichen der Klimaziele ist eine Nebenwirkung des globalen Kampfes gegen die Pandemie und nicht das Hauptziel umweltpolitischen Handelns.

Daher nochmal ganz deutlich: Es gibt nichts zu feiern! Weder aus Sicht des Klimas noch aus Sicht der Natur. Zum einen, weil Gesundheitskrise und Klimakrise zwei Seiten derselben Medaille sind und zum anderen, weil Lockdowns, soziale Isolation und Ausgangssperren keine erstrebenswerten Klimamaßnahmen sind. Es geht vielmehr darum, uns die grundsätzliche Gestaltbarkeit von Wirtschaft und Gesellschaft vor Augen zu halten: Nichts ist unmöglich. Es geht darum, uns an unsere eigene Selbstwirksamkeit zu erinnern. Menschliches Handeln kann zu Problemen führen, und menschliches Handeln kann zu Lösungen führen.

Trotzdem fragen sich viele Menschen, warum bei der kurzfristigen Pandemiebekämpfung tiefgreifende Maßnahmen politisch durchsetzbar sind, die bei der langfristigen Rettung von Natur, Klima und Artenvielfalt scheinbar nicht möglich sind. Eine erste Erklärung wäre die unterschiedliche Richtung, aus der beide Krisen kommen. Während die Gesundheitskrise von außen kommt und als äußerliche Bedrohung wahrgenommen wird, kommt die Umwelt- und Klimakrise von innen, weil sie als menschengemacht und damit selbst verschuldet empfunden wird. Daher sind die Maßnahmen im Rahmen der Pandemie leichter zu vermitteln, weil diese – anders als die Umwelt- und Klimakrise – nicht unser gesamtes Leben grundsätzlich infrage stellen. Somit liegt die Schuldfrage der Pandemie außerhalb unseres persönlichen Lebensstils, wohingegen dieser bei der Umwelt- und Klimakrise als Hauptangeklagter gilt.

Wie groß ist dein CO_2-Fußabdruck?

Das Internet bietet viele Möglichkeiten, um die Treibhausgas-Emissionen deines persönlichen Konsum- und Mobilitätsverhaltens zu ermitteln und zum sogenannten CO_2-Fußabdruck zusammenzurechnen. Dieser drückt die gesamte Verantwortung für die Umwelt- und Klimakrise in nur einer einzigen Zahl aus. Mein CO_2-Fußabdruck beträgt zum Beispiel 10,7 Tonnen CO_2, wobei mein jährlicher Aufenthalt an der Monash University in Melbourne allein mit 4 Tonnen CO_2 auf mir lastet. Zum Ausgleich unterstütze ich ein Start-up mit einem monatlichen Beitrag zur finanziellen Förderung von Projekten zum Schutz des Regenwaldes (Peru), für sauberes Trinkwasser (Bangladesch) und mehr Windkraft (Indien). Sich der Klimawirkung des eigenen Verhaltens bewusst zu werden, ist sicherlich ein sinnvoller Beitrag und kann auch Anlass für einen Wandel sein. Doch der individuelle CO_2-Fußabdruck darf nicht darüber hinwegtäuschen, dass die Verantwortung für die Erderwärmung nicht bei den Bürger*innen liegt, sondern bei der Fossilindustrie. Erst kürzlich hat der Wissenschaftsreporter Mark Kaufman aufgedeckt, dass British Petroleum (BP) seit Anfang der 2000er-Jahre viele Millionen in die Entwicklung der CO_2-Rechner und deren öffentliche Vermarktung investiert hat, um die Schuldfrage zu den Bürger*innen zu verlagern[77]. Durch diese individuelle Schuldzuschreibung entsteht eine kollektive Lähmung, die den Status quo zementiert. Unbemerkt von der Öffentlichkeit blieb die Fördermenge an Öl und Gas seitdem unverändert hoch, und selbst neue Lagerstätten werden erschlossen und ausgebeutet. So förderte BP im Jahr 2019 genauso viel Öl und Gas wie im Jahr 2005 und kaufte 2019 in West Texas das größte Öl- und Gasfeld seit 20 Jahren. Also: Umwelt- und Klimaschutz ist und bleibt eine politisch-gesellschaftliche Aufgabe.

Welche positiven Lehren können wir aber aus der Corona-Krise für den globalen Umwelt- und Klimaschutz ziehen?
Zum einen, dass es grundsätzlich eine Bereitschaft gibt, Leben über Geld zu stellen. Diese Werteordnung war die Grundlage der Pandemie-Maßnahmen und wäre auch die Grundlage für Maßnahmen zum Umwelt- und Klimaschutz Zum anderen, dass politische und gesellschaftliche Verantwortung und Handlungsbereitschaft entstehen, wenn Risiken räumlich und sinnlich erfahrbar sind. Die Wirkungen der Pandemie sind uns um einiges näher gekommen als die Bilder von Wirbelstürmen in der Karibik oder Waldbränden in Australien. Durch diese räumliche und sinnliche Nähe steigt die Bereitschaft zur Verantwortungsübernahme und zum Wandel. Die sicherlich wichtigste Lehre aus der Pandemie für den globalen Umwelt- und Klimaschutz ist jedoch, dass Solidarität der einzige Weg zur Bewältigung von Krisen ist. Ob Gesundheits-, Umwelt- oder Klimakrise – früher bedeutete Solidarität Menschlichkeit, heute bedeutet Solidarität Überleben.

Wir werden niemals wissen, welchen Umfang die CO_2-Emissionen im Jahr 2020 ohne die Pandemie erreicht hätten. Bis dahin war der Anstieg der Emissionen jedenfalls ungebrochen. Noch im Jahr 2019 wurde der höchste bislang je gemessene Wert erreicht. Das Jahr 2020 hätte der erste wirkliche Schritt auf dem Weg zu der im Pariser Klimaabkommen vereinbarten Halbierung der Emissionen bis 2030 sein können, für einen Moment erschien es, als würden die

Maßnahmen im Kampf gegen die Pandemie das Unmögliche möglich machen. Der Fisch flog.

Doch jetzt, nach über einem Jahr in der Pandemie scheint es, als kehrten wir zurück zum Status quo und setzten die Wachstumsmaschine wieder in Gang. Unsere individuellen Leben befinden sich noch im Lockdown, aber die Welt steht nicht mehr still. Und so ist ein weiterer Anstieg der Emissionen bis 2030 wieder sehr wahrscheinlich. Keine fliegenden Fische mehr, keine Fische mehr in den Kanälen von Venedig.

Wir standen bereits einmal an einem vergleichbaren Punkt. Die Rezession im Nachgang der Finanzkrise 2008/09 hatte ebenfalls zu einem Rückgang der Emissionen geführt. Zarte Hoffnungen auf ein grundsätzliches Umdenken und Umlenken keimten auf. Doch die ressourcenverschlingende Wachstumsmaschine wurde mit allen Mitteln wieder angekurbelt (Stichwort »Abwrackprämie«) und die Emissionen stiegen im darauffolgenden Jahrzehnt auf neue Rekordwerte. Interessanterweise wurde seitdem vor allem die Schlüsselrolle der Finanzindustrie im Zusammenhang mit der Umwelt- und Klimakrise viel deutlicher erkannt. Denn solange umfangreiche Investitionen Produkte und Industrien fördern, die den eigenen Klimazielen widersprechen, ist deren Erreichung logischerweise sehr unwahrscheinlich.[78] Die sogenannte Divestment-Bewegung fordert daher völlig zu Recht den Rückzug aus Finanzierungen, Geldanlagen und Investitionen in umwelt- und klimaschädliche Industrien.[79]

Wir werden also auch dieses Mal wieder mehr Emissionen produzieren, sobald die Wirtschaft hochgefahren ist. Es gibt eben keinen Automatismus, um aus einer Krise als nachhaltige Gesellschaft hervorzugehen. Ja, die Pandemie ist eine Zäsur – ein globales Ereignis, das die Geschichte in »vorher« und »nachher« unterteilt – ähnlich wie wir es mit der Finanzkrise 2008/09 erlebt haben. Nur ist diese Zäsur eben viel stärker, viel umfassender und viel direkter als je zuvor. Was können wir also tun, um eine Welt zu beschreiben, von der wir wissen, dass sie nie wieder die alte sein wird? Wie können wir unseren Platz finden, uns orientieren?

Die Schwierigkeit besteht darin, den gewohnten Bezugsgrößen zur Bestimmung wirtschaftlicher und gesellschaftlicher Entwicklung misstrauen zu lernen und unsere Krisen und Konflikte stattdessen entlang neuer, sinnvoller Maßstäbe abzubilden, anhand von Karten, die mehr zeigen als nur das Gelände.

Es könnte sein, dass sich die reale Welt um uns herum bereits grundlegend verändert hat, während unsere Ziele, Werte und Einstellungen jedoch unverändert sind. Wir liegen bei der Neuausstattung unserer Weltdeutungen im Rückstand. Wissen wir überhaupt noch, in welcher Welt wir leben?

Richtung Zukunft durch die Nacht

Und jetzt sag mal: Ist Wachstum wirklich die einzige Antwort auf die Krisen dieser Welt, oder gibt es auch andere Möglichkeiten gesellschaftlichen Fortschritts?

Die vielfältigen Krisen unserer Welt zwingen uns gerade dazu, alte Fragen neu aufzugreifen. Was ist gesellschaftlicher Fortschritt? Wie wollen wir leben? Welche Art von Welt wollen wir schaffen?

Im 20. Jahrhundert lautete die immer gleiche Antwort auf all diese Fragen: Wachstum. Aber ebenso wenig wie Einkommen oder Konsum belastbare Indikatoren der Lebensqualität sind, ist die Wirtschaft der einzige Maßstab, um gesellschaftlichen Fortschritt zu bemessen. Die Ökonomisierung immer weiterer Bereiche der Gesellschaft, von Bildung über Gesundheit bis zum Umweltschutz, hat uns nicht gutgetan. Das Nachdenken über andere Maßstäbe und eine andere ethische Struktur, um unser Verständnis gesellschaftlicher Entwicklung zu erweitern, hat längst begonnen. Diesmal allerdings nicht mehr »nur« als soziale Frage (Wie lösen wir Ungleichheit, Armut, Wohnungsnot und andere soziale Probleme unserer Zeit?), sondern eng verbunden mit der ökologischen Frage: Wie erhalten wir den Planeten Erde als lebenswerten Lebensraum für alle Lebewesen?

Gute Vorschläge gibt es viele: Der Social Progress Index der amerikanischen Ökonomen Scott Stern (MIT) und Michael Porter (Harvard) versammelt zur Messung des sozialen Fortschritts die verschiedensten Daten zu Entwicklungen in Bildung, Gesundheit, Luftqualität, Kriminalverbrechen und vielem mehr aus über 160 Ländern. Bei dieser Betrachtung zeigt sich, dass die USA als das reichste Land der Welt im letzten Jahrzehnt einen Rückgang in der sozialen Entwicklung erlebt haben, während Norwegen im Jahr 2020 die beste Gesamtentwicklung zeigte. Auch der Human Capital Index definiert Wohlstand nicht als Ausdruck von Einkommen oder Konsum, sondern von Bildung, Gesundheit, Wissen und Fähigkeiten, ebenso wie der Better Life Index insgesamt elf Indikatoren zur Messung des Wohlbefindens berücksichtigt.

Noch einen Schritt weiter geht das Konzept zur Messung des »inklusiven Wohlstands«, weil es zum einen anerkennt, dass es durchaus verschiedene Kapitalarten sind, die den Wohlstand einer Gesellschaft begründen (Gesundheit, Bildung, Einkommen), und dass diese verschiedenen Kapitalarten auch noch eng miteinander verknüpft sind.[80]

Der wohl bekannteste Vorschlag zur gemeinsamen Beantwortung der sozialen und ökologischen Fragen stammt jedoch von Kate Raworth, Ökonomin an der Oxford Universität und Autorin des Buches *Die Donut-Ökonomie. Endlich ein Wirtschaftsmodell, das den Planeten nicht zerstört.* Darin wird das Modell einer gesellschaftlichen Entwicklung skizziert, die nach außen die planetaren Grenzen achtet (wir haben die neun planetaren Grenzen weiter oben besprochen) und nach innen soziale Grenzen, also Mindeststandards für Bildung, Einkommen oder Gesundheit, einhält. Zwischen diesen beiden Grenzen entsteht somit ein nachhaltiger Handlungsspielraum gesellschaftlicher Entwicklung in der Form eines Donuts. Dieses Modell beantwortet die Frage, wie wir zukünftig innerhalb der planetaren Grenzen, ohne Ausbeutung von Mensch und Natur, wirtschaften und trotzdem Wohlstand für alle garantieren können.

Passend dazu präsentiert der aktuelle *Bericht über die menschliche Entwicklung*, der seit 1990 vom Entwicklungsprogramm der Vereinten Nationen (UNDP) jährlich herausgegeben wird, erstmals einen Index der menschlichen Entwicklung, der die planetaren Belastungen miteinbezieht und damit die Sorge um generationenübergreifende globale Ungleichheiten aufgreift.[81]

Wenn wir es schaffen, Wohlstand und Lebensqualität nicht nur rein materiell zu definieren, sind wir den inneren Grundlagen einer zukunftstauglichen Gesellschaft einen großen Schritt näher gekommen.[82]

Tschüss Wachstum, soziale Ungleichheit und Umweltzerstörung – hallo Gemeinwohlstand. Die Schwierigkeit liegt im Perspektivwechsel, weg von der Hardware (Kraftwerke, Straßen und Flughäfen), hin zur Software unserer Zukunftsgestaltung und den nicht sichtbaren Werten und Bedürfnissen, Wissen und Verstehen, Politik und Kultur als Treiber gesellschaftlicher Veränderungen. Es geht um die Umdeutungen dessen, was Wohlstand und Fortschritt eigentlich bedeuten. Das Wort *Wirklichkeit* weist ja schon auf das aktive *Wirken* hin, das gemeinsame Herstellen unserer Welt. Also, worauf *wirken* wir hin?

> *Everything will be okay in the end.*
> *If it's not okay, it's not the end.*
>
> — John Lennon[83]

Grüne Regeneration und die Welt danach

Oft gehört, aber doch noch nicht so ganz verstanden: Was ist der »Green New Deal«, oder welche Art von Entwicklung bräuchten wir jetzt eigentlich?

Der »Green New Deal« ist die Bezeichnung für ein politisches Programm zur großen Transformation, hin zu einer sozial-ökologischen Gesellschaft. Gemeint ist die Umwälzung aller Wirtschafts- und Lebensbereiche, um die Klima-, Umwelt- und Ungleichheitskrise zu lösen. Dabei werden unter dem Green New Deal seit Anfang der 2000er-Jahre in verschiedenen Ländern unterschiedliche Maßnahmen verschieden intensiv diskutiert. Doch spätestens seit 2019 Alexandria Ocasio-Cortez in den USA und Ursula von der Leyen in der Europäischen Union den Green New Deal als grüne Wachstumsstrategie vorgestellt haben und die Bestseller-Autorin Naomi Klein ein Buch mit dem Titel *Warum nur ein Green New Deal unseren Planeten retten kann* veröffentlichte, gibt es keinen Weg mehr vorbei an diesem Thema. Trotz verwirrend vieler Bezeichnungen, wie zum Beispiel »Green Deal«, »Green Growth« oder »Green Recovery«, ist das Ziel immer das gleiche: Klimaneutralität. Erreicht werden soll es durch den Entzug von fossilen Energieträgern (Öl, Kohle, Gas) in Verbindung mit neuem Wachstum bei sauberen Energieträgern (Wind, Solar, Wasserstoff). Inzwischen bekennen sich immer mehr Länder unter dem Label Green New Deal zum Ziel der Klimaneutralität bis zum Jahr 2050: Australien, Kanada, Großbritannien, Südkorea oder China (bis 2060).

So groß wie die Hoffnungen in Verbindung mit dem Green New Deal sind, so groß ist jedoch auch die Kritik. Denn trotz der schwindelerregenden Billionen-Investitionen in den notwendigen Strukturwandel, ist die »grüne Wende« in vielen Bereichen nur schwer zu erkennen[84], so zum Beispiel in der gemeinsamen Agrarpolitik der EU, die bis 2027 klima- und naturschädlicher zu werden droht als je zuvor[85]. Auch für die urbane Mobilität hat die EU-Kommission zwischen 2014 bis 2020 rund 16,5 Milliarden Euro bereitgestellt – Radwege, öffentlicher Nahverkehr, intelligente Verkehrsleitsysteme – jedoch ohne dass die Luftverschmutzung in den Städten abgenommen hätte. Doch nirgends lässt sich das Festhalten am Status quo besser beobachten als bei den unzähligen liebgewonnenen Subventionen: Pendlerpauschale, Dieselbonus, Stromrabatte. Allein in Deutschland bezahlen wir umweltschädliche Subventionen jährlich mit 50 Milliarden Euro und verursachen damit ein Achtel der jährlichen Emissionen.[86] Dabei wäre der Abbau umweltschädlicher Subventionen ein »easy win«, wie in einer aktuellen Studie des Forums Ökologisch-Soziale Marktwirtschaft vorgerechnet wird. Der Grund: Es muss nicht immer darum gehen, das *Richtige* zu tun, sondern auch weniger vom *Falschen* kann unglaublich wirksam sein.

Colorless green ideas sleep furiously[87]
Noam Chomsky

Sicherlich ist eine grün lackierte Gegenwart kein geeigneter Ausgangspunkt einer nachhaltigen Zukunft. Doch der Green New Deal will mehr sein als eine Wachstumsstrategie zur Umstellung fossiler Energiesysteme auf emissionsfreie erneuerbare Technologien. Er soll *auch* dem Schutz und der Regeneration der Umwelt dienen. Denn mindestens genauso wichtig wie der Wettlauf um Klimaneutralität und Null-Emissionen ist der Wettlauf um die Anpassung und Stärkung der Widerstandsfähigkeit gegenüber den Folgen der Umwelt- und Klimakrise. Niemand weiß das besser als die größte Versicherung der Welt, die Münchener Rück (oder auch Munich Re). Diese hat in der Jahresbilanz von 2020 beispiellose Rekordverluste eingefahren, verursacht durch Wirbelstürme, Waldbrände und Überschwemmungen.[88]

Eben weil wir die 2-Grad-Marke wohl nicht einhalten werden, gilt es sich auf Kommendes vorzubereiten. Nicht umsonst wurde 2018 die Globale Anpassungskommission (Global Commission on Adaptation, GCA) auf Initiative der Niederlande und des World Resources Institute (WRI) gegründet. Die Notwendigkeit einer solchen Gründung zeigt, dass es um Krisenfestigkeit und Robustheit geht. Die Kommission konzipiert eine systematische, umfassende, breite Anpassungsunterstützung.[89] Dabei ist die Natur unser wichtigstes Werkzeug: Graslandschaften und Böden schützen, Erholungszonen im Meer einrichten, Rückverwilderung, Bäume pflanzen – diese Lowtech-Maßnahmen dienen der Regeneration, weil Umwelt*schutz* zu kurz gedacht ist. Es geht um Wiedergutmachung. Im Pandemiejahr 2020 haben wir alle erlebt, wie schnell die verschiedensten Natursysteme aufatmen, wenn wir den Nutzungsdruck zurücknehmen. Diese grundsätzliche Fähigkeit zur Erholung kann uns Hoffnung machen.[90] Denn Wiedergutmachung ist die Mitte zwischen Untergangspessimismus und Machbarkeitsoptimismus. Ob grünes Wachstum überhaupt gelingt, ist eine Frage der Zukunft – Regeneration ist eine Aufgabe der Gegenwart.

Auch ohne Klimakrise haben wir ein Konsumproblem

Welche Rolle spielt unser Konsumverhalten bei der Umwelt- und Klimakrise?

Im Jahr 2012 habe ich mit meiner Jugendfreundin Pola Fendel das Business Kleiderei gegründet. Der Impuls zur Unternehmensgründung entstand aus unserem eigenen Bedürfnis heraus, anders zu konsumieren. Wir waren 25 Jahre jung und weit entfernt davon, unseren eigenen modischen Stil zu kennen. Viele Dinge, die ich kaufte, fand ich kurze Zeit später nicht mehr supercool. Manchmal wusste ich auch vorher schon, dass ich bestimmte Kleidungsstücke eigentlich nur einmal tragen möchte, wir kennen es alle, das berühmte Party-Kleid. Dass Mode aber immer gleichbedeutend mit Besitz ist, fanden wir beide nicht zeitgemäß. Zudem war mir durch mein Studium zur Bekleidungstechnikerin klar, unter welchen Bedingungen unsere Kleidung hergestellt wird und wie sehr dabei unsere Erde und die Menschen entlang der kompletten Lieferkette ausgebeutet werden. Es war also 2012, und wir konnten schon in vielen Bereichen entscheiden, wie wir konsumieren wollen: Es gab Car2Go, Airbnb und Spotify, alles Modelle die zeigten, dass Zugang statt Besitz möglich war. Nur Kleidung mussten wir immer noch kaufen, selbst wenn sie vielleicht nur einmal getragen wurde. Dass das nicht nachhaltig sein kann, ist uns allen klar. Und so gründeten wir selbst.

Unser Business fing klein an, mit einem eigenen Laden in Hamburg St. Pauli, wo wir ganz nahe dran waren an unseren Kund*innen und deren Bedürfnissen. Obwohl oder vielleicht gerade weil wir ein ganz neues Thema aufgemacht haben – Nachhaltigkeit in der Mode – gab es von Anfang an viel Presse für Kleiderei. Wir hatten den Zeitgeist getroffen. Dieser erste Laden war unser Kick-Off für den Aufbau eines deutschlandweiten Verleihsystems, das wir dank eines Crowdfundings finanzieren konnten.

So begannen wir ab 2014 persönlich Pakete mit verschiedenen Kleidungsstücken für unsere Kund*innen zu kuratieren, die dafür einen monatlichen Abopreis zahlten. Jedes Kleidungsstück durfte beliebig lange getragen werden, und erst wenn sich ein*e Kund*in wirklich sicher war, dass sie es behalten möchte, konnte es durch den Verkauf in ihren Besitz übergehen. Ich merkte, wie aus unserem Impuls, eine Alternative zum Kaufen von Kleidung zu schaffen, spürbarer Impact wurde, der inzwischen auch von großen Unternehmen aufgegriffen wird.

Auch auf anderen Kontinenten schlich sich der Zeitgeist von »Zugang statt Besitz« fortwährend ein. Fast zehn Jahre lang war Rent The Runway der Hauptakteur auf dem amerikanischen Mode-Mietmarkt. Du erinnerst dich vielleicht an Juliette, die in der weltweit erfolgreichen Serie *Gossip Girl* ihre Looks eben dort leiht, um mit den Teenagern der Upper Class mithalten zu können.

Aber abgesehen von einigen kleinen Start-ups, die (meist erfolglos) versuchten, sich am Vermietungsgeschäft zu beteiligen, gab es lange kaum Marktbewegungen in den USA. Mit dem Wandel der Zeiten und dem wachsenden Bewusstsein für Nachhaltigkeit bieten inzwischen aber auch Marken wie Ann Taylor, Express, American Eagle, Scotch & Soda, Urban Outfitters, Banana Republic oder Bloomingdale's Vermietungen an. All diese Dienstleister vermieten hauptsächlich ihre eigene Kleidung, denn in der Textilindustrie werden etwa 30 Prozent der produzierten Stücke nie gekauft und enden sonst als Überbestände.

Der zweite relevante Markt ist China mit dem Unternehmen YCloset, das ein Online-Mode-Miet-Abo anbietet. Monatlich können Abonnenten gegen eine Abonnementgebühr von 80 US-Dollar auf bis zu 30 Artikel aus einem Katalog mit über 150.000 Mid- bis High-End-Kleidungsstücken zugreifen.

Im Sommer 2019 war ich in Stockholm, um mit Mitarbeiter*innen von H&M im Headquarter über das Modell »Mode mieten« zu sprechen, und nach einem Testlauf vor Ort in Stockholm freut es mich heute zu lesen, dass H&M, der zweitgrößte Modekonzern der Welt, seine Marke COS zur Vermietung im chinesischen Miet-Modell YCloset anbietet.[91] Ab Sommer 2021 können wir auch in Deutschland dabei sein und im Store Berlin-Mitte Teile einer Kollektion mieten, die exklusiv zur Vermietung bestimmt ist und den Namen »Mitte Garten Innovation Story Rental« trägt. Die Designs können für 25 bis 45 Euro pro Woche geliehen werden, ein Preisniveau, das mit Stücken aus Fast-Fashion-Kollektionen mit viel geringerer Qualität und Exklusivität vergleichbar ist. Damit verkörpert H&M die Vision populärer Befürworter der Kreislaufwirtschaft: »Wenn wir Kleidung zu dem Preis mieten, den wir früher gekauft haben, können wir in qualitativ hochwertige und langlebige Modestücke investieren«, wie Tamsin Lejeune, Gründerin der Beratungsagentur Common Objective im Podcast *The Wardrobe Crisis* von Clare Press vorschlägt.

Warum? Weil wir zu viel kaufen. Wir können mehr Verantwortung übernehmen für die Dinge, die wir konsumieren. »Eigentum verpflichtet. Sein Gebrauch soll zugleich dem Wohle der Allgemeinheit dienen.«[92] So steht es in unserem Grundgesetz. Heute ist davon nicht mehr viel übrig, weder von unserer Seite als Konsument*innen noch von der Seite der Industrie.

Für uns bedeutet Eigentum heute doch eher das Horten und Sammeln (und häufig sogar Nicht-Benutzen) von möglichst vielen Produkten, nur um sie später wegzuwerfen. Das tut uns selbst nicht gut, und wir behandeln uns damit ohne Respekt. Denn mit billigen und fast wertlosen Produkten, die nur unter hohen Kosten für die Umwelt und die Menschen, die sie produziert haben, verbunden sind – mit diesen Produkten gönne ich mir nichts. Damit werte ich mich selbst herab.

Das kann *nicht* das System sein, auf dem wir aufbauen, auch wenn ein schneller Billigkauf uns natürlich nicht sofort in die Hölle schickt.

Die Hemmschwellen sind in unseren Köpfen: Die Werbung hat uns erfolgreich eingetrichtert, dass *mehr mehr ist und billig geil.* Nichts an billig ist geil.

Verantwortung für uns, unsere Umwelt und unsere Gesellschaft zu übernehmen, das ist geil.

Wenn mich jemand fragt, wie wir das System ändern können, dann sind es meiner Meinung nach als Allererstes die existenzsichernden Mindestlöhne, die überall, in jedem Land der Welt Gesetz werden müssten. In Deutschland haben wir gerade endlich einen ersten Entwurf für ein Lieferkettengesetz verabschiedet, die EU zieht nach. Dazu kommen wir später nochmal.

Wenn wir für jedes Produkt »reale«, also existenzsichernde Mindestlöhne zahlen würden, gäbe es kein Geschäft mehr mit »billig«. Mensch kann es so hart sagen, wie es ist: Wenn auf einem Produkt kein »Fair«-Siegel ersichtlich ist, dann liegt die Wahrscheinlichkeit, dass die Arbeiter*innen entlang der Lieferkette dafür unterbezahlt wurden, bei fast 100 Prozent.

Ich wünsche mir mehr Weitsicht, mehr zukünftiges Ich, mehr »Wir leben in einer Umwelt- und Klimakrise und müssen etwas ändern« und weniger »Nach mir die Sintflut«.

Was ist mir wirklich wichtig? Wie kann ich wieder Verantwortung für mein Handeln übernehmen? Wie kann Konsum und Produktion kreislauffähig gestaltet werden?

Denken wir das Thema Kreislauf weiter: In einer perfekten Welt nutzen wir, statt zu kaufen. Wir zahlen Miete, und wie bei unserer Wohnung auch erwarten wir dafür, dass sie uns passt, unserem Lebensstil entspricht oder uns ein neues Lebensgefühl schenkt. Wie bei Juliette in *Gossip Girl*.

Wenn ich in der nahen Zukunft hochwertige Produkte für den Preis mieten kann, den ich sonst für einen schnellen, kurzlebigen Kauf ausgeben würde, aber dafür eine viel höhere Qualität bekomme, dann gewinnen alle.

Es könnte ein kreislauffähiges Produkt entstehen, das sowohl gut für die Umwelt ist als auch Konsument*innen exakt so lange erfreut, wie sie eben Freude daran haben, bevor die Industrie es irgendwann zurückbekommt, um es in seine Ausgangsmaterialien zu zerlegen und neue Produkte daraus zu schaffen. Heruntergebrochen könnten wir sagen: Wir können Produkte produzieren und Plattformen entwickeln, in denen Rohstoffe zu kreislauffähigen Objekten werden. Wenn die Produkte am Ende ihrer Lebenszeit angekommen sind, dann kann der Produzent das Stück zurücknehmen und aus dem Material etwas Neues machen.

Dabei unterscheiden wir biologische und technische Kreisläufe: Biologische Kreisläufe kennen wir aus der Natur.

Der Kirschbaum blüht, die Blütenblätter fallen, es wachsen die Kirschen, einige fallen zu Boden, und alles wird von der Natur wieder aufgenommen. Der biologische Kreislauf ist der zyklische Weg von (anorganischen) Substanzen durch Nahrungsketten. Die Natur hat es so eingerichtet, dass alles im ewigen Fluss ist. Von diesen biologischen Kreisläufen haben wir uns inspirieren lassen und diese in technische Kreisläufe übersetzt. Doch Rohstoffe für technische Kreisläufe, in der sogenannten Technosphäre, stehen auf der Erde nur begrenzt zur Verfügung. Dazu gehören Chemikalien oder PET, das aus Erdöl gewonnen wird. Deshalb müssen sie in gleichbleibend hoher Qualität erhalten werden. Auch nachwachsende Rohstoffe können in der Technosphäre zirkulieren, bevor sie wieder Nährstoffe werden. »Alles kann so hergestellt werden, dass die eingesetzten Materialien mit geringem Aufwand voneinander getrennt werden können«, so steht es auf der Website der NGO Cradle to Cradle.[93] Zu den ersten Denkern dieser Kreisläufe gehören Michael Braungart und der Architekt William McDonough, die im Jahre 2002 das Buch *Cradle to Cradle* veröffentlicht haben und bis heute als Visionäre dieser ganz neuen Art, Industrie zu denken, gelten.

Selbst das heute so verteufelte Plastik (PET) kann in einem technischen Kreislauf wie durch Zauberei (wir nennen es *Depolymerisation*) zurückgeführt werden. Dadurch erhalten wir, zum Beispiel nach der Nutzung einer PET-Flasche, ein Material, das von derselben Qualität ist, wie das einst frisch aus dem Erdöl gewonnene PET. Somit könnte es auch ein großartiges Material in der Nothilfe sein. Zelte, Unterstände oder Ähnliches könnten schnell und günstig produziert werden und wenn sie abgenutzt sind, in den technischen Kreislauf zurückgeführt und wiederverwendet werden. Stattdessen nutzen wir es als Single-Use-Material, das auf der Deponie landet, verbrannt oder ins Ausland verkauft wird.

Beim Einkauf ist inzwischen auch der Begriff »klimaneutral« immer häufiger auf Lippenstift, Apfelsaftverpackungen oder Hähnchenschenkeln zu finden. *Klimaneutralität* bedeutet erst einmal nur, dass unsere Aktivitäten keine Treibhausgasemissionen verursachen, also das Klima nicht belasten. Dass plötzlich so viele Produkte »klimaneutral« sind, meint jedoch nicht die *Vermeidung* von Treibhausgasen, sondern deren *Kompensation*. Denn natürlich verursachen die Herstellung und der Vertrieb von Lippenstift, Apfelsaft und Hähnchenschenkeln auch weiterhin CO_2 und andere Treibhausgase, nur werden diese durch Ausgleichsmaßnahmen wie Bäume pflanzen oder der Renaturierung von Mooren und Feuchtgebieten kompensiert, um so das ausgestoßene CO_2 wieder aus der Luft zu holen. Doch das aufwändige Hin- und Herrechnen von CO_2-Bilanzen durch verschiedenste Kompensationsdienstleister steht inzwischen stark in der Kritik, eben weil diese Art »Klima-Ablasshandel« unsere Konsumgewohnheiten eher moralisch grün wäscht anstatt nachhaltig zu verändern. Deshalb geht die Vermeidung von Konsum stets vor Kompensation.

Einen Schritt weiter geht der weitaus umfassendere, doch noch sehr junge Ansatz der *Umweltneutralität*. Zusammen mit der Technischen Universität (TU) Berlin hat die Drogeriekette DM eine Reihe von umweltneutralen Produkten entwickelt, die sowohl den gesamten Lebenszyklus (Herstellung, Konsum und Entsorgung) als auch fünf Umweltauswirkungen bilanzieren (statt allein die Treibhausgasemissionen) und anschließend »verursachungsgerecht« kompensieren.[94] Damit ist die Betrachtung der Umweltneutralität zwar ganzheitlicher als die Perspektive der Klimaneutralität, aber auch hier werden immer noch soziale und ethische Standards außer Acht gelassen.

Dieser Logik nach hätte auch Pablo Escobar seine Geschäfte klimaneutral gestalten können. Es gäbe dann quasi klimaneutrales Kokain.

Und da hört es auch schon auf. Zertifikate, die Unternehmen dazu anhalten, ganzheitliche Umweltauswirkungen zusammen mit ethischen Sozialstandards konsequent zu analysieren, reduzieren und kompensieren, gibt es leider noch nicht ausreichend.

Soweit zum Einstieg in die verschiedenen Label, Siegel und Zertifikate, um sich beim Einkaufen besser orientieren zu können. Denn kein Konsum ist auch keine Option. Ich denke, dass wir Gesellschaft nur vom *Status quo* aus verändern können. Denn auch wenn wir uns vor allem als Konsumgesellschaft verstehen, heißt das ja nicht, dass wir keine Verantwortung für unseren Einkauf übernehmen können.

Die dunkle Seite der Mode

Wie politisch ist mein neues T-Shirt?

Die Jahre rund ums Erwachsenwerden waren nicht immer die leichtesten Jahre in meinem Leben. Es gab Zeiten, da hat mir das Nähen von Kleidern und die Möglichkeit, mit meinen eigenen Händen etwas Schönes zu schaffen, sehr viel Kraft gegeben. Als ich 17 Jahre war, gab mir meine Mama eine Nähmaschine und zeigte mir, wie ich eine gerade Naht nähe und wie ich mit einem Zickzack-Stich offene Stoffkanten versäubern kann, sodass sie nicht so schnell ausfransen.

Anfangs nähte ich einfach Stoffstücke aneinander. Es war die Zeit, als Peaches Geldof und Sienna Miller in kurzen Kleidchen, Leggings und Lederjacken die Modewelt dominierten. Ich nähte mir die Looks nach und tanzte stolz und glücklich in den von mir selbst geschaffenen Kleidungsstücken zu Indie Pop. Für mein Kleid zum Abiball, einen knielangen, ärmellosen Traum aus Volants mit angehefteten Federn auf goldenem Brokat, saß ich Nacht für Nacht an der Maschine und legte hellen Organza in Falten, heftete eine Feder daran und nähte alles zusammen, Zentimeter für Zentimeter. Es dauerte Stunden und kostete ein Vermögen. Der Stoff, die Federn, das Garn, der Reißverschluss… das Kleid für meinen Abiball einfach zu kaufen, wäre so viel günstiger gewesen. Das war der Moment, als ich begann, das Geschäft mit der Mode zu hinterfragen.

Wenn ich erzähle, dass ich etwas mit »Mode« mache, dann denken viele unweigerlich an die oberflächlich strahlende Glamourwelt mit schönen Models, coolen Designern und Influencer*innen, die sich fernab der Realität ausschließlich mit ihrem Äußeren beschäftigen. Ich würde gerne sagen, dass das stimmt. Aber die 16 Jahre, die ich mich nun mit dem Thema beschäftige, haben mich eher näher an die bittere Realität unserer Konsumgesellschaft gebracht. In der Modeindustrie geht es um Profit, Ausbeutung, Kolonialismus, Rassismus, Sexismus, Sklavenhaltung, Umweltverschmutzung, Tierquälerei und Müll – viel Müll.

2012 haben wir mit der Kleiderei angefangen und versucht, weniger Kleidung zu kaufen, aber dafür mehr zu leihen. Wir waren zu dieser Zeit zwei Vordenkerinnen, die oft und gerne zu Vorträgen, Diskussionsrunden und Panels eingeladen wurden, häufiger auch zusammen mit NGOs wie Greenpeace oder Femnet. Trotz verschiedener Lösungsansätze und Auswege aus der Wegwerfgesellschaft hatten wir alle dieselbe Vision: eine faire Modeindustrie.

Tag für Tag lernte ich mehr über die Schattenseiten dieser eben gar nicht glamourösen Branche. Am Ende des Kapitels findet ihr eine Liste mit Büchern, Filmen und Podcasts, die ich euch sehr ans Herz lege, wenn ihr mehr über die Hintergründe dieser Industrie wissen wollt.

Der riesige ökologische Fußabdruck der Modeindustrie hat sich inzwischen herumgesprochen. Etwa, dass fast 20 Prozent der globalen Wasserverschmutzung und 10 Prozent der CO_2-Emissionen auf das Konto der Modebranche gehen.[95] Auch Dana Thomas schreibt in ihrem Buch *Unfair Fashion*, dass die Produktion von einem Kilogramm Kleidung die Freisetzung von 23 Kilogramm Klimagasen verursacht. Doch das ganze Dilemma der hiesigen Modeindustrie offenbarte sich erst 2021, im inzwischen zweiten Frühling der Pandemie. Seit Monaten schon sind alle Geschäfte geschlossen und die Verkäufe, abgesehen vom Online-Shopping, auf einem historischen Tiefpunkt. Kaum haben die Geschäfte zwischen den Wellen der Pandemie kurzzeitig wieder geöffnet, werben radikale Rabatte, Lagerverkäufe und Sale-Aktionen um Kunden, denn Hersteller wie Händler sitzen buchstäblich auf riesigen Kleiderbergen unverkaufter Ware. Auf den Verkaufsflächen und in den Lagern stapeln sich Hemden, Blusen, Anzüge und jede Menge Saisonware. Nach Schätzungen der Handelsverbände sprechen wir dabei von etwa 500 Millionen unverkaufter Kleidungsstücke.[96] Deren

Entsorgung und Vernichtung gehört jedoch zu den großen Tabuthemen der Modeindustrie. Bislang war es schwer oder besser gesagt unmöglich, ungetragene Kleidung zu spenden, denn die Unternehmen mussten dafür die übliche Umsatzsteuer an das Finanzamt überweisen. Ungetragene Kleidung zu spenden ist deshalb teurer, als sie zu vernichten. Doch nun erklärte Antje Tillmann, Sprecherin der CDU/CSU-Fraktion im Deutschen Bundestag für Finanzen: »Im Rahmen der Überbrückungshilfe III können Händler die Kosten für unverkäufliche Saisonware bei den Fixkosten geltend machen und so bis zu 90% erstattet bekommen. Werden diese Waren für wohltätige Zwecke gespendet, können bei den Fixkosten bis zu 100% berücksichtigt werden.«[97] Das klingt erstmal gut und lässt hoffen, dass nagelneue Kleidungsstücke nicht länger vernichtet werden.

Aber brauchen karitative Organisationen wirklich all die 500 Millionen unverkauften Kleidungsstücke? Ja, wenn es sich dabei um Jacken, festes Schuhwerk oder warme Kleidungsstücke handelt. Nein, wenn es um Trendartikel von schlechter Qualität oder tonnenweise Massenware geht. So weist der Hilfsverein Hanseatic Help auf seiner Website darauf hin, dass aktuell (Frühjahr 2021) keine Damenkleidung angenommen werden kann. Warum? Es ist einfach zu viel.

Das Dilemma der Modeindustrie ist und bleibt: Es wird einfach zu viel Kleidung in zu kurzen Zyklen produziert. Dass unverkaufte Kleidung, die kein einziges Mal getragen wurde, überhaupt abgeschrieben werden kann, grenzt an Wahnsinn. Warum sind diese Kleidungsstücke auf einmal nichts mehr wert? Die Pandemie zeigt uns deutlicher denn je, wie verheerend die Textilbranche agiert und dass sich schnell etwas ändern muss – und damit meine ich nicht nur Steuersenkungen oder Abschreibungsmöglichkeiten.

Deshalb ist das Lieferkettengesetz so wichtig, weil es ohne neue Verantwortlichkeiten und Reglementierungen nicht gehen wird. Der Entwurf für ein deutsches Lieferkettengesetz ist als Reaktion auf die digitale Kampagne #*fairbylaw* der Gründerin Lisa Jaspers zu verstehen, auch wenn der Beifall nicht lange anhielt. Nur wenige Tage später installierte Greenpeace Scheinwerfer vor dem Bundeskanzleramt, um die Worte »Lieferkettengesetz« und »Schwindel« an die Fassade zu werfen. Das Wirtschaftsministerium habe den Entwurf ausgehöhlt, kritisierte Greenpeace-Mitarbeiterin Viola Wohlgemuth.[98]

Erfreulicherweise ist der Vorschlag für ein Europäisches Lieferkettengesetz um einiges konsequenter als unser hiesiger Entwurf, da dieses auch kleine und mittlere Firmen erfasst, wenn sie börsennotiert oder in einem Bereich mit hohem Risiko aktiv sind. Der deutsche Entwurf verpflichtet hingegen in einem ersten Schritt nur Unternehmen ab 3.000 Beschäftigte und später ab 1.000 Mitarbeiter*innen zu menschenrechtlicher Sorgfalt.[99]

Doch die wahrscheinlich wichtigste Forderung des Europäischen Lieferkettengesetzes ist gleichzeitig die beschämendste: »Das Europäische Parlament fordert ein Ende der modernen Sklaverei«, betonte die Abgeordnete der Grünen Anna Cavazzini[100]. Dazu gehöre auch der ebenfalls geforderte Importstopp für Produkte, die unter menschenunwürdigen Bedingungen hergestellt wurden. Die Europäische Kommission muss nun, vor dem Sommer 2021, einen konkreten Gesetzesvorschlag vorlegen. 2021!!! Ich kann einfach nicht verstehen, wieso es keine globalen Vereinbarungen

gibt, die besagen, dass Produkte, die unter menschenunwürdigen Bedingungen hergestellt wurden, weder importiert noch exportiert werden dürfen. Wieso darf mensch überhaupt mit Produkten handeln, die nicht fair produziert wurden?

Besonders aktiv setzt sich auf EU-Ebene der französische Politiker und Autor, Raphaël Glucksmann, für das Lieferkettengesetz ein. Sein Buch *Die Politik sind wir!* ist ein Plädoyer für einen neuen Gesellschaftsvertrag, und die ihm als Politiker und Autor zukommende Aufmerksamkeit nutzt er auch dazu, um in den sozialen Netzwerken auf die unmenschlichen Produktionsbedingungen in der Textilindustrie aufmerksam zu machen. Als Intellektueller mit politischer Wirkung schafft er Aufmerksamkeit und stellt klar, dass das ein Problem ist, das uns alle angeht. In seinen Kampagnen adressiert er ganz konkret globale Modekonzerne.

Die größten Abnehmer für Textilprodukte aus Billiglohnländern wie Bangladesch sind schließlich Europa und die USA, wobei alleine auf Deutschland fast 20 Prozent entfallen.[101] Glucksmann geht davon aus, dass der Zusammenhang zwischen Zwangsarbeit und der eigenen Lieblingsmarke dazu führen wird, dass immer mehr Kund*innen Transparenz in Bezug auf Umwelt und Menschenrechte fordern. Denn für uns als Konsument*innen würde ein Kleidungsstück nur ein paar Cent teurer werden, um Textilarbeiter*innen fair zu bezahlen. Wir wären wohl alle bereit, das zu zahlen. Das Problem ist jedoch, es geht nicht um uns. Es geht um das Prinzip »Shareholder« - also diejenigen, die an den Gewinnen der Konzerne mitverdienen. Und wenn ein Konzern 1,5 Milliarden Kleidungsstücke im Jahr verkauft[102] (und das tun die Fast-Fashion-Konzerne tatsächlich), dann sind ein paar Cent mehr pro Produkt schnell mehrere Millionen Euro mehr Kosten und dementsprechend weniger Gewinn und damit weniger Dividende für die Anteilseigner. Es geht also nicht um uns und unsere Bereitschaft, mehr zu zahlen, es geht um diejenigen, die an der Ausbeutung verdienen. Sehr, sehr viel verdienen.

Selbst während wir an diesem Buch schreiben, entfacht im Frühjahr 2021 ein Streit zwischen China und H&M um den Vorwurf der Zwangsarbeit. Kurz zuvor hatte die 56-seitige Veröffentlichung des Australian Policy Institute berichtet, dass 80.000 Uiguren, eine ethnische, muslimische Minderheit in China, in den letzten zwei Jahren gezwungen worden sind, unter Bedingungen zu arbeiten, die sehr stark auf Zwangsarbeit hindeuten. H&M hatte darauf reagiert und sich öffentlich distanziert, was vonseiten der chinesischen Regierung zu Abstrafungen für den Handel des schwedischen Konzerns auf dem chinesischen Markt führte.[103] Hinter der glamourösen Fassade gibt es auf der dunklen Seite der globalisierten Modewelt tatsächlich vieles, was grundsätzlich falsch läuft.

Tipps zum Weiterlesen, -hören und -sehen

Bücher

- Naomi Klein (2015): *No Logo. Der Kampf der Global Players um Marktmacht - Ein Spiel mit vielen Verlierern und wenigen Gewinnern.* Fischer Taschenbuch
- Tansy E. Hoskins (2016): *Das antikapitalistische Buch der Mode.* Rotpunktverlag

- Dana Thomas (2020): *Unfair Fashion. Der hohe Preis der billigen Mode*. Riva
- Gisela Burckhardt (2014): *Todschick. Edle Labels, billige Mode – unmenschlich produziert*. Heyne
- Kirsten Brodde, Alf-Tobias Zahn (2018): *Einfach anziehend. Der Guide für alle, die Wegwerfmode satthaben*. Oekom
- Mimi Sewalski (2020): *Nachhaltig leben JETZT. Hintergründe verstehen - Fakten checken - Gewohnheiten etablieren*. Knesebeck
- Safia Minney (2017): *Slave to Fashion*. New Internationalist Publications Ltd
- Greta Eagan (2014): *Wear No Evil. How to Change the World with Your Wardrobe*. Running Press Adult
- Magdalena Schaffrin, Ellen Köhrer (2016): *Fashion Made Fair: Modern - innovativ – nachhaltig*. Prestel Verlag
- Kate Black (2015): *MagnifEco: Your Head-to-Toe Guide to Ethical Fashion and Non-toxic Beauty*. New Society Publishers
- Jana Braumüller, Vreni Jäckle, Nina Lorenzen (2020): *Fashion Changers - Wie wir mit fairer Mode die Welt verändern können*. Knesebeck

Podcasts

- »Wardrobe Crisis« von Clare Press
- »Fashion Africa Now« von Beatrace Angut Oola
- »Talk Slow – Der Fair Fashion Podcast« von Bridge & Tunnel
- »Fair Fashion Talk« von Sabine Paulsen
- »Sinneswandel« von Marilena Berends

Filme

- *The True Cost* von Andrew Morgan
- *Mode.Macht.Menschen* von Patrick Kohl
- *Minimalism. A Documentary About the Important Things* von Matt D'Avella
- *Der Maschinist* von Brad Anderson

Lobbyismus oder die Geschichte der Haiflossen

Wer oder was ist eigentlich dieser Lobbyismus?

Die europäische Politsatire *Parlament* erzählt in urkomischen, kurzen Episoden den Alltag der Abgeordneten und Mitarbeiter*innen im Europäischen Parlament. Samy, frisch im Amt und komplett unvertraut mit den Abläufen, soll für seinen Abgeordneten Michel Specklin eine Vorlage zum Thema »Shark Finning« anfertigen. In den 90ern wäre er als »clueless« bezeichnet worden, und so läuft er orientierungs- und ahnungslos durch Brüssel und geht direkt dem erstbesten Lobbyisten auf den Leim. Oliver Jung bezeichnet Samy in einem Artikel der FAZ passenderweise als »Seepferdchen im Haifischbecken«.[104] Fast täglich ändern die Abgeordneten zu der Vorlage ihre Meinung, je nachdem welche weiteren Deals von anderen Abgeordneten und anderen Lobbyisten zu anderen Vorlagen ins Spiel kommen. Es ist ein absurdes Schachspiel, und am Ende schafft es Samy nur knapp, seine Vorlage durch das Parlament zu bringen.

Das Thema »Shark Finning« ist auch Teil der Netflix-Dokumentation *Seaspiracy,* die Anfang 2021 die grausamen Seiten der Fischfangindustrie aufdeckte und virale Aufmerksamkeit auslöste. Die Filmemacher*innen Ali and Lucy Tabrizi nehmen uns in *Seaspiracy* mit nach Asien und zeigen dokumentarisch hochwertig gefilmt die dortigen illegalen und zerstörerischen Fangmethoden, fehlenden staatlichen Kontrollen, Überfischung, schädlichen Subventionen, Überdüngung, Umweltzerstörung und unmenschlichen Arbeitsbedingungen. Selbst die Siegel für »verantwortungsvollen Fischfang«, vergeben von scheinbar unabhängigen NGOs, sind Teil der global verstrickten Fischfangindustrie. Es sei ja sehr schwierig zu kontrollieren, unter welchen Bedingungen der Fisch so weit draußen auf dem Meer wirklich gefangen wurde, heißt es dann. Im Jahr 2021 lassen wir auf dem Mars einen Rover umherfahren, um Bild- und Tonaufnahmen zu machen, sollen aber nicht in der Lage sein, verantwortungsvollen Fischfang verlässlich zu kontrollieren. Yeah, right.

Am Ende des Films lautet das Fazit unmissverständlich: »Esst keinen Fisch!« Irritiert bleiben wir sitzen und fragen uns: Lastet die volle Verantwortung für das schmutzige Fischgeschäft nun doch wieder auf den einzelnen Konsument*innen?

Wir gehen im Kapitel »Kein Mensch ist eine Insel« noch konkret darauf ein, aber tatsächlich ist es so: In einer Krise gibt es immer zwei Fragen:

Die erste ist, was kann ich direkt tun? Mit Sicherheit weniger Fisch essen. Aber die viel wichtigere Frage ist: Wem nützt es? Und da sind wir wieder beim Thema Industrie und Lobbyismus.

Der illegale, ausbeuterische Fischfang und die Zerstörung unserer Meere stehen im Zusammenhang mit den Milliardenumsätzen einer hochprofitablen Industrie. Der Film beginnt mit Medienberichten über gestrandete Wale mit Mägen voller Plastikmüll. »Unsere Ozeane sind eine riesige Plastiksuppe«, erklärt Ali. Er empfindet sich auch selbst schuldig dafür, als Bürger nicht genug getan zu haben. Er hat seinen Plastikkonsum reduziert, an Stränden Müll gesammelt und bei Firmen angerufen, um auf die Gefahr von Plastik hinzuweisen. Also eigentlich schon sehr viel. Als Japan bekannt gibt, den Walfang in der Antarktis wieder aufzunehmen und sich dem 1986 beschlossenen Abkommen zum internationalen Walfang-Stopp zu entziehen, beginnt Ali mit seiner aufwühlenden Recherche. Der Aktivist Ric O'Barry (Gründer des *Dolphin Project*) erklärt, dass die japanische Regierung alles dafür tut, diese Machenschaften geheim zu halten. Auf seinen Recherchen begegnet er auch dem oben genannten »Shark Finning«. Haifischflossensuppe ist eine Delikatesse in China, gilt als Statussymbol und kostet oft über 100 US-Dollar pro Schüssel. Hongkong ist bekannt als »Shark-Fin-City«. Haie sind aber auch einer der häufigsten Beifänge in der Fischindustrie, das heißt, egal welchen Fisch wir essen, es betrifft immer Haie – genauso wie übrigens auch Wale und Delfine. Deshalb sind Haie inzwischen vom Aussterben bedroht, durch uns Menschen. Doch Beifang ist kein Versehen, sondern wird billigend in Kauf genommen, weil jede Form von Vorsicht mehr Zeit kosten und die Gewinne minimieren würde. Aber wieso ist das erlaubt?

Interessant ist auch, dass der Film aufdeckt, dass die großen Verschmutzer der Meere weder Plastikstrohhalme noch Einwegplastik sind. Es handelt sich vor allem um Fischernetze und Fischereizubehör. Ein Fischer, der bei uns im Dorf auf Hiddensee lebt, hat mir selbst mal von den sogenannten

»Geister-Reusen« erzählt, also Netzen, die nicht wiedergefunden werden und nun alleine fischen. Diese »Geister-Reusen« treiben im Meer, bis sie voll mit Algen und Fischen sind und dann langsam auf den Grund sinken. Dort zerfallen Fisch und Fang, und die Reusen steigen langsam wieder auf und fischen weiter. Das geht so lange, bis die Netze langsam zerfallen und sich am Ende in Mikroplastik auflösen. Der »Great Pacific Garbage Patch«, die weltweit größte Ansammlung von Meeresmüll, die strudelartig zusammengehalten im Nordpazifik treibt, besteht fast zur Hälfte aus Fischernetzen[105], die eben auch von Walen und anderen Meerestieren gefressen werden. Eine Industrie, die so riesig ist wie die Fischwirtschaft, verliert nämlich nicht einzelne Fischernetze, sondern raue Mengen. Während aber die sorgfältige Handhabung der eigenen Netze kostbare Zeit verbraucht, sind Plastiknetze so billig, dass deren Verlust niemanden stört. Und so stellt Ali in der Dokumentation fest: Beim Überprüfen der Fotos der gestrandeten Wale fällt auf, dass fast alle Fischernetze in den Mägen haben. Warum spricht darüber niemand?

Das, was mit den Fischernetzen oder den Haifischflossen passiert, gehört auch in vielen anderen Bereichen der Wirtschaft zum Alltag. Die wahren Ursachen werden zum Zwecke der Gewinnmaximierung auch auf politischer Ebene nicht thematisiert. Das ist Lobbyismus. Politiker*innen erhalten Zuwendungen, um gewisse Gesetze und Regulierungen zu verzögern, abzuschwächen oder zu verhindern. Die große Gefahr ist, und da kommen wir in späteren Kapiteln auch nochmal zu, dass dieses System sich auch dann fortsetzt, wenn wir Bürger*innen schon längst andere Werte vertreten. Ja, wir alle könnten aufhören, Fisch zu essen (und Fleisch aus Massentierhaltung gleich mit). Aber es ist auch jetzt schon kein Geheimnis, dass dieselben Machenschaften um Palmöl herum geschehen, einem pflanzlichen Rohstoff. Auch hier gibt es großflächige Rodungen des Regenwaldes. So hat Sri Lanka gerade den Ausstieg aus dem zerstörerischen Geschäft bekannt gegeben und einen Importstopp verhängt. Im Herbst 2020 hatte der US-amerikanische Zoll den Import von Palmöl aus Malaysia verboten, nachdem eine aufwendige Untersuchung deutliche Anzeichen auf Zwangsarbeit und sexuelle Gewalt auf den Plantagen aufdeckte. Brenda Smith von der US-Zollbehörde sagt dazu: »Ich kann an dieser Stelle nicht genauer sein, aber ich würde vorschlagen, dass US-Importeure, die mit Palmölproduzenten Geschäfte machen, einen Blick auf deren Lieferkette werfen und viele Fragen zu den Arbeitspraktiken stellen.«[106] Der Punkt ist, dass wir es nicht mit vereinzelten Problemen im Zusammenhang mit Fisch oder Fleisch zu tun haben, sondern mit einem strukturellen Problem. So erklärt die Umweltanwältin Farhana Yamin in ihrem Plädoyer zum *Extinction Rebellion Handbuch,* dass das politische System reformiert und der Zugang der Großkonzerne zur Regierung eingeschränkt werden müsse und dass es gewöhnlichen Bürger*innen ermöglicht werden müsse, »über Umfang und Geschwindigkeit des Wandels zu entscheiden. [...] Die Wahrheit ist, dass Politiker*innen und mächtige Eliten [...] ihre destruktiven Praktiken nicht einstellen und ihre Kontrolle über die finanziellen und ökonomischen Hebel nicht lockern werden. Sie werden weiterhin Subventionen für fossile Brennstoffe fordern.«

Das 2019 verabschiedete Klimapaket der Bundesregierung hat deutlich gezeigt, wie groß der Unterschied zwischen der Realpolitik und dem gesellschaftlich Wünschenswerten sein kann, der Unterschied zwischen dem, was ist, und dem, wie es sein sollte. Die breite Forderung nach schärferen Maßnahmen zur Erreichung der Klimaziele, buchstäblich demonstriert bei den großen Klimastreiks mit Fridays for Future oder Extinction Rebellion, wurde ignoriert, und das Klimapaket war letztendlich eher ein Klimapäckchen.

»Wovor hat die Politik mehr Angst, als vor 1,4 Millionen Bürger*innen auf der Straße?«, fragt Waldemar Zeiler in seinem Buch *Unfuck the Economy*.

Dieses Jahr im Herbst sind 60 Millionen Menschen eingeladen, an der Bundestagswahl 2021 teilzunehmen. Seit der letzten Bundestagswahl 2017 sind etwa 2,8 Millionen Mitbürger*innen volljährig geworden und zählen somit nun zu den sogenannten Erstwähler*innen.[107] Doch so wichtig und richtungsweisend die Stimme dieser knapp 5 Prozent aller Wahlberechtigten auch ist, entschieden wird die Bundestagswahl von Wähler*innen, die älter als 60 Jahre sind. Nach Schätzungen des Statistischen Bundesamtes kommen fast 40 Prozent aller Stimmen aus der Altersgruppe 60+, während nur 14 Prozent der Wähler*innen jünger als 30 Jahre sind.[108] Es ist deshalb nicht nur besonders wichtig, als junger Mensch wählen zu gehen (auch wegen der geringeren Wahlbeteiligung unter 30-Jähriger im Vergleich zu höheren Altersstufen), sondern auch mit seinen Eltern, Großeltern und Nachbar*innen über Politik zu sprechen und sie zu fragen:

- ■ Für welche Generation wird Politik gemacht?
- ■ Wer profitiert vom Status quo, wenn alles so bleibt wie es ist?
- ■ Was ist dir wichtig?

Entwürfe

Dance like nobody's watching

BAAAAMMM - hier sind wir! Viele Dinge, die du in den letzten Kapiteln gelesen hast, machen ohnmächtig. Zahlen, Daten, Fakten. Es ist an der Zeit, Kraft zu tanken und die Ohnmacht abzuschütteln. Es ist Zeit, zu tanzen!

Zieh dir dein liebstes Ausgeh-Outfit an, dreh die Boxen auf and choose your song:

- Soul II Soul: »Back To Life«
- Elton John: »I'm Still Standing«
- America: »Horse With No Name
- David Bowie: »Rebel Rebel«
- Alanis Morissette: »Ironic«
- TLC: »No Scrubs«
- Ian Brown: »In The Year 2525«
- Die Sterne: »Was hat dich bloß so ruiniert?«
- The Kills: »Tape Song«
- Christina Aguilera & Lil‹ Kim: »Can't Hold Us Down«
- Bloc Party: »Banquet«
- Laid Back: »Sunshine Reggae«
- Katy Perry feat. Juicy J: »Dark Horse«
- Róisín Murphy: »Tell Everybody«

- Blackstreet: »No Diggity«
- Jennifer Lopez feat. Nas: »I'm Gonna Be Alright«
- Fools Garden: »Lemon Tree«
- R.E.M.: »Losing My Religion«
- No Doubt: »Just A Girl«
- Depeche Mode: »Enjoy The Silence«

Die ganze Playlist findest du auf Spotify unter: »Das Bio-Pizza Dilemma«.

Tanz mit uns!

"Let's start talking"

Die Basics

»Alles muss im Überfluss
Vorhanden sein,
Dann sind wir nie allein«[109]
Tocotronic, Hi Freaks

Hier die erste und wichtigste Botschaft: Es gibt ihn nicht, den *perfekten Konsum*, mit dem wir die Welt retten können. Im Gegenteil: Konsum ist komplex, verwirrend, oft überflüssig, manchmal berauschend oder frustrierend und paradox zugleich. Er ist stets begleitet von Fehlentscheidungen, Zweifeln, Irrtümern und übersteigerten Erwartungen. Aber manchmal, fast ein bisschen, wie wenn wir uns verlieben, kann es doch das Allerschönste auf der Welt sein.

»Bis heute ist es nicht gelungen, der Ästhetik des Konsums eine andere, attraktivere entgegenzusetzen«, schreibt Harald Welzer in seinem Buch *Alles könnte anders sein*. Diese Ästhetik, die wollen wir suchen, zusammen mit dir. In ihrem weltweiten Bestseller *How to be Parisian wherever you are* schreibt die Vorzeige-Französin Carolin de Maigret mit ihren Co-Autorinnen: »Less is more, wenn es ums Flirten geht, um die eigene Garderobe, um Make-up.«

Weniger ist mehr - könnte das unser neues Narrativ sein? Ist es nicht sexy, wenn wir manchmal einfach »Nein« sagen, auf Qualität setzen und nicht alles im Überfluss vorherrscht, wenn wir Geheimnisse haben, unsere Wohnungen nicht maximal durchgestylt sind und wir immer neuen Trends hinterherrennen? Ist es nicht sexy, wenn wir uns einen Hauch von Lässigkeit bewahren?

Hast du schon einmal richtig lange auf etwas gewartet?

Denk an das Gefühl vorm ersten Date. Nicht das zufällig geswipte Tinder-Date, sondern das Date mit jemanden, den du vielleicht auf einer Party kennengelernt hat, wo die Funken flogen und die Nacht mit einem versprochenen Wiedersehen endete. Du hast die Tage und vielleicht sogar die Stunden gezählt, bis es endlich soweit war. Unerträglich schien dir die Zeit, die sich hinzog wie Kaugummi. Und doch war sie aufregend, erregend und voller Adrenalin, nur noch übertroffen von den letzten Minuten vorm ersten Kuss.

All dies gilt im Persönlichen wie im Globalen: Der von Tocotronic ironisch besungene Überfluss, der uns vor Einsamkeit schützt, ist die größte Lüge, die wir uns erzählen. Nichts wird mit der Masse besser. Alles ist wertvoller, wenn es seltener ist.

Als Leitsatz können wir uns also schon mal merken: *Weniger ist mehr.*

- Weniger kaufen ist mehr.
- Weniger Verpackung ist mehr.
- Weniger Transportweg ist mehr.
- Weniger Chemikalien ist mehr.
- Weniger Müll ist mehr.

Mit diesem Buch wollen wir fragen, was dein persönliches »weniger« ist oder wo mehr für dich dann eben doch mehr ist. Dabei muss uns jedoch klar sein, dass die Weniger-ist-mehr-Diskussion nur für einen kleinen, recht privilegierten Teil unserer Gesellschaft überhaupt anschlussfähig ist. Nicht umsonst erinnert das Hilfswerk Brot für die Welt in Plakatkampagnen, auf denen steht »Weniger ist leer« regelmäßig daran, dass für viele Millionen Menschen auf dieser Welt weniger gleichbedeutend ist mit nichts mehr. Deshalb möchten wir ermutigen, zu hinterfragen, was wir eigentlich wirklich brauchen.

Spätestens mit der Pandemie und den unsäglich vielen Stunden, die wir zu Hause verbringen, ist auch ein neuer Trend zum Maximalismus entstanden. Die eigene Wohnung wahlweise als Museum, Weltreise oder Märchenbuch zu verstehen, ist wieder *en vogue*, und so zeigen uns vor allem die dänischen Meinungsmacher*innen auf Instagram, wie viele Dinge wir charmant in den eigenen vier Wänden unterbringen könnten. Kümmere dich um dein Zuhause wie um ein Kunstwerk. Wo stehst du? Bist du Minimalist oder Maximalist?

Die Entscheidung liegt zwar grundsätzlich bei dir, wird aber selten unabhängig davon getroffen, was die »Gesellschaft« dir als wichtig verkaufen möchte. Daher möchten wir mit diesem Buch ein paar Ideen vorschlagen und dir versichern: Du bist nicht das, was du besitzt. Du bist das, was du bist. Und du bist Bürger*in dieser Welt. Dazu gehört, dass du mitbestimmen kannst, wo unsere Reise als Gesellschaft hingeht, welche Entscheidungen wir treffen und vor allem, wie wir uns bereit machen für die unangenehmen Folgen der Umwelt- und Klimakrise. Anstatt deine Macht als Bürger*in darauf zu verwenden, jeden Tag die richtigen Kaufentscheidungen im Supermarkt zu treffen, gibt es einige grundsätzliche Möglichkeiten, um als Bürger*innen ein Statement für mehr Nachhaltigkeit in der Gesellschaft zu setzen. Und es gibt ein paar Zusammenhänge, die wir über Kapitalismus, Konzerne, Macht und Profite verstehen müssen, um zu begreifen, dass wir sowohl ohnmächtig als auch mächtig sind - wenn wir anfangen, uns aus einem System zu befreien, dass die Reichen immer reicher macht und die Armen immer ärmer. Darüber möchten wir sprechen.

Dein ikigai

Du fragst dich öfter nach dem Sinn des Lebens. Warum mache ich das eigentlich alles hier? Was soll das bringen? Du unterdrückst diese Gedanken schnell mit »Ach, was soll's« und machst einfach weiter. Du gehst zur Arbeit, verdienst Geld, gibst es wieder aus. Play – Pause – Repeat.

Aber was, wenn es ihn gäbe, diesen ganz individuellen Grund für dich, morgens aufzustehen? Deinen ganz persönlichen Sinn für *DEIN* Leben?

Den gibt es! Es ist dein *ikigai*.

Ikigai ist ein japanischer Begriff, der die Freuden und den Sinn des Lebens beschreibt. Wörtlich übersetzt besteht er aus *iki* (»leben«) und *gai* (»Sinn«). So beschreibt der japanische Neurowissenschaftler Ken Mogi die Philosophie in seinem Buch *Ikigai – Die Japanische Lebenskunst,* in dem er unter anderem die Geschichte des 1925 geborenen Chefkochs Jiro Ono erzählt.

Seine Hingabe zum Sushi verleiht diesem eine fast mystische Aura, die 2014 selbst US-Präsident Barack Obama zu Lobeshymnen hinriss. Onos Erfolg liegt sicher in seinem Talent, seiner Entschlossenheit, aber vielleicht vor allem seinem *ikigai*. Dabei geht es aber nicht um den Erfolg, sondern darum, sein Glück in der Tätigkeit an sich zu finden. Als Ono sein erstes Sushi-Restaurant eröffnete, ging es nicht um Kunst, sondern es war die billigste Form, ein Lokal zu eröffnen, weil es der simpelsten Ausstattung bedurfte. Ono eröffnete also ein Sushi-Restaurant, weil es das einzige war, was seinen Möglichkeiten entsprach. Aus der Not wurde mit Hingabe also das *ikigai*. Heute ist Ono der älteste lebende Drei-Sterne-Koch der Welt.[110]

Ikigai lebt im Reich der kleinen Dinge. Ich habe am Anfang des Buches erzählt, dass mir mein *ikigai* mit 17 begegnet ist. In den 16 Jahren seitdem habe ich festgestellt, dass das fast gleichbedeutend ist mit Obelix' Fall in den Zaubertrank, eine ähnlich zufällige Superkraft, die mir da widerfahren ist. Ich wollte die Modeindustrie revolutionieren, etwas anders machen, zeigen, dass es möglich ist. Seitdem gibt es für mich keine Sonntagabendmelancholie mehr. Wenn Freund*innen sich beklagen und sagen, sie hätten keine Lust auf Montag, kann ich nicht mit einstimmen. Für mich ist Montag ein fabelhafter Tag. Es ist nämlich jedes Mal der Anfang einer aufregenden Woche (und das tippe ich jetzt, obwohl wir alle seit fast einem Jahr im Homeoffice sitzen und wahrlich wenig wirklich Aufregendes passiert ist).

Sophia Amoruso schreibt in ihrem 2015 erschienenen Buch #*GIRLBOSS*: »Als ich Nasty Gal startete, stellte ich fest, dass ich gerne arbeitete und angesichts von Herausforderungen zu Hochform auflief. Meine Tage verliefen in einer glücklichen Nebelwolke, weil ich viel zu beschäftigt war, um auf die Uhr zu sehen.«[111] Nasty Gal ist Amorusos *ikigai*.

In ein Fass voll mit Zaubertrank können wir zufällig hineinfallen, wir können aber auch hineinklettern, springen oder fliegen. Ich will sagen: Es ist nie zu spät, dein *ikigai* zu finden. Let's do this!

In der japanischen Philosophie gibt es dafür die fünf Säulen des *ikigai*:

1. klein anfangen
2. loslassen lernen
3. Harmonie und Nachhaltigkeit leben

4. die Freude an kleinen Dingen entdecken
5. im Hier und Jetzt sein

Der Autor Ken Mogi schreibt von den vielen kleinen Restaurants und Bars, deren Besitzer*innen und Betreiber*innen kein Teil großer Franchisesysteme sind, sondern Privatleute. Diese Lokale passen in ihre lokale Umgebung, sind einmalig, individuell und entsprechen dem Geschmack der Wirtsleute. Ein besonders interessantes Beispiel dafür sind die berühmten Ramen-Nudeln. Eine Kunst für sich, der wir mittlerweile auch und vor allem in den Großstädten verfallen sind. Es gibt kaum eine andere kulinarische Kunst, bei der es so sehr um Feinheiten geht. Sowohl zwei Japaner*innen als auch zwei Berliner*innen könnten wohl stundenlang über die perfekten Ramen-Nudeln diskutieren. Die einen würden vielleicht mehr über die Zubereitungsform, die anderen über den Geschmack reden, doch was bleibt, ist das Wissen, dass es um sehr viele Feinheiten geht (das »klein anfangen«, der ersten Säule im *ikigai*) und darum, jeden Schritt bis zur Vollkommenheit auszuführen. Das ist genau das Ethos der Ramen-Köche in Japan, welches uns so begeistert und von dem wir uns etwas abschauen können. Es geht um Individualität, Achtsamkeit und kleine Schritte.

Was kannst du besonders gut? Worauf achtest du besonders genau? Womit kannst du dich bis tief in die Nacht beschäftigen, ohne auf die Uhr zu schauen?

Alle fünf Säulen des *ikigai* gehören zusammen. Sie folgen nicht aufeinander, sondern stehen nebeneinander. Während wir also genau hinschauen, können wir loslassen und lernen, im Hier und Jetzt zu sein. Sinnliche Erfahrungen, wie das Schlürfen einer Ramen-Suppe, lassen uns alles um uns herum vergessen. Wir sind im Hier und Jetzt und fühlen, wie die Wärme in unserem Körper aufsteigt und wir Energie tanken.

In gewisser Weise lassen wir die Last unseres Ichs zurück und tauchen tief in ein sinnliches Erlebnis ein. Der in Kroatien geborene amerikanische Psychologe Mihály Csíkszentmihályi beschreibt diesen Geisteszustand als *Flow*. Dabei sind Menschen so sehr in eine bestimmte Tätigkeit vertieft, dass nichts anderes mehr zu zählen scheint. Und dies kann uns beim Ramen schlürfen gelingen, aber auch bei der Arbeit. Wir können in unserer Arbeit aufgehen, und dafür bedarf es gar nicht viel.

Advertising has us chasing cars and clothes, working jobs we hate so we can buy shit we don't need.
– Brad Pitt (Tyler Durden), Fight Club, 1999

Arbeit ist in unserer Gesellschaft also nur ein Mittel zum Zweck. Du kannst diesen Teufelskreis durchbrechen, wenn deine Arbeit zum Selbstzweck wird.

Um diesen Zustand des *Flow* zu erreichen, müssen wir unser Ego loslassen. Ein Ego, das uns sagt, dass uns die Früchte unserer Arbeit zustehen und wir diese investieren können, um Dinge zu kaufen, die uns dann glücklich machen. Dass wir nach der Arbeit endlich unser wahres Leben leben können, indem wir online shoppen, unsere Wohnung neu einrichten oder übers Wochenende wegfliegen. Da stecken wir, und da setzt die von Tyler Durden benannte Werbung an. Wir erzählen uns, dass wir einen Ausgleich brauchen, eine Belohnung für all die Stunden, die wir im Büro sitzen und Dinge tun, die wir nicht tun wollen.

Dabei geht es in Wahrheit um den Flow, das Ego und dich.

Die Früchte deiner Arbeit gehören dir nicht. Darin liegt eine unendliche Erleichterung. Du bist nur dafür verantwortlich, dein möglichst Bestes zu tun. Der Rest liegt außerhalb deiner Wirksamkeit. Wenn du stets dein Bestes gibst, in all den unendlich vielen Nuancen der Elemente deiner Arbeit, dann wird diese zum Selbstzweck.

In dem Jahr direkt nach meinem Abitur habe ich in einem kleinen Laden in Köln gearbeitet, Vollzeit, bis ich meine Ausbildung zur Bekleidungstechnischen Assistentin anfangen konnte. Ich war mir sicher, mein *ikigai* gefunden zu haben, meine wahre Bestimmung: Ich wollte die Mode revolutionieren und dafür erst einmal alles darüber lernen. Meine Vision war ehrlich, rein und unschuldig. Nur leider war ich blutjung und übersah dabei, dass ich meiner Arbeit im Laden dieselbe ehrliche, reine und unschuldige Hingabe entgegenbringen müsste. Stattdessen betrachtete ich den Job so, wie der Großteil unserer Gesellschaft seine Arbeit betrachtet: als Möglichkeit, Geld zu verdienen und sich zu beweisen.

Meine Freundin Merle holte mich oft von der Arbeit ab, und wir gingen ins Kino, sie arbeitete damals im »Off Broadway«, einem wunderschönen Arthouse-Kino. Das war ihr *ikigai*. Meine Laune an diesen Abenden, daran erinnere ich mich bis heute, hing immer von genau einer Tatsache ab: dem Tagesumsatz. Der Laden war sehr klein, und ich arbeitete die meiste Zeit alleine. Ich war also komplett verantwortlich, auch für den Umsatz. Wenn er hoch war, stellt sich ein High ein und ich fühlte mich großartig. War er zu niedrig, hatte ich versagt.

Ich wünschte, ich hätte damals schon die fünf Säulen des *ikigai* gekannt. Dann hätte ich mehr Abende mit Merle im Kino genießen können, statt darüber nachzudenken, wie wertlos eigentlich meine Existenz ist, während auf der Leinwand Javier Bardem, Penelopé Cruz und Scarlett Johansson sich lieben und streiten.

Mein Ego war einfach viel zu stark. Statt jeden Tag den Laden aufzuschließen und mir zu sagen, dass ich mein Bestes tun würde, in all den Nuancen, die die Elemente dieser Arbeit mit sich bringen, war ich überzeugt davon, es ginge einzig um den Tagesumsatz und darum, die Beste zu sein. Selbst wenn keine einzige Person den Laden betreten hätte, wäre es immer noch mein Versagen gewesen. Nur Ego, kein Flow.

Darauf fußt unser ganzes gesellschaftliches Konsumsystem. Dahinter liegt der Glaubenssatz, dass uns nicht nur die Früchte unserer Arbeit gehören, nein, wir wagen zu glauben, dass wir die Früchte unserer Arbeit *sind*. Und dass die Arbeit nur der Weg zum Ziel, zur Bestätigung unseres Selbst ist. Und wenn die ersehnte Bestätigung nicht einsetzt, dann haben wir ja immer noch unsere Kreditkarte, um uns Dinge zu kaufen, die uns anderweitig Bewunderung einbringen und unser Ego streicheln, uns versichern, dass unsere eigene Existenz nicht wertlos ist.

Heute arbeite ich jeden Tag so gut und genau an einer Sache, wie es mir an diesem Tag gelingt. Ich nehme alle Aufgaben ernst und betrachte sie gleichwertig, egal ob es um eine Social-Media-Strategie oder kreative Konzepte für große Kampagnen geht. Wenn ich fertig bin, versuche ich loszulassen. Denn die Früchte meiner Arbeit gehören mir nicht.

Am Beispiel des Ladens lässt sich das auch sehr leicht erklären: Wenn niemand in den Laden kommt, gibt es auch keinen Umsatz. Deine Wirksamkeit endet bei der Arbeit. Wie erfolgreich deine Arbeit ist, liegt nur bedingt in deinen Händen. Und das ist richtig so. Dafür liegt die Kraft der Arbeit darin, dich glücklich zu machen, weil du sie mit Hingabe ausübst und dabei komplett im Hier und Jetzt bist, dich vertiefst und nicht versuchst, schon mit einem Fuß im Feierabend zu sein, nur um dann nicht im Feierabend zu sein, weil du über die unreifen Früchte deiner Arbeit frustriert bist.

Das ist das *ikigai*.

Dazu schreibt Sophia Amoruso in ihrem Buch *#GIRLBOSS*: »Mir war der Prozess genauso wichtig wie das Ergebnis. [...] Ob es die Wortwahl in einer Produktbeschreibung war oder der Gesichtsausdruck eines Models, ich habe immer alles mit größter Sorgfalt behandelt.«[112]

Wir können beginnen auszusteigen aus der »(...) we work jobs we hate, to buy things we don't need«-Spirale. Mensch muss nämlich keinen Job hassen, wenn mensch die Arbeit als Arbeit betrachtet, das Ego beiseitelässt und sich den einzelnen Aufgaben mit Achtsamkeit widmet.

Jede Arbeit kann dein *ikigai* sein.

Kein Mensch ist eine Insel

Die Bevölkerung Afrikas wird sich bis 2050 auf 2,5 Milliarden Menschen verdoppeln. Heute leben 80 Prozent der Weltbevölkerung in Schwellen- und Entwicklungsländern. Täglich wächst die Weltbevölkerung um knapp 230.000 Menschen (das ist pro Jahr in etwa die Einwohnerzahl Deutschlands).

Diese drei Zahlen entstammen dem Buch *Umdenken* unseres aktuellen Entwicklungsministers Gerd Müller, bekannt durch das Nachhaltigkeitssiegel »Grüner Knopf« und seinen Einsatz für ein verbindliches Lieferkettengesetz. Sowohl das Siegel als auch das Lieferkettengesetz werden von der aufgeklärten Gesellschaft jedoch als ungenügend kritisiert, da beide Initiativen aufgrund vielfältiger Widerstände von Unternehmen und Wirtschaftsvertretern nicht so radikal verabschiedet wurden, wie einst vorgeschlagen.

Waldemar Zeiler ist Co-Gründer von einhorn, einem Berliner Start-up, das vegane Kondome fair und ökologisch korrekt produziert und darüber hinaus auch die Art und Weise, wie wir arbeiten und wirtschaften, revolutioniert. Er ist damit Teil der Purpose-Bewegung (ebenso wie die nachhaltige Suchmaschine Ecosia), die Gewinnmaximierung nicht länger zum einzigen Ziel erklärt, sondern sich am Gemeinwohl orientiert. In seinem gerade erschienen Buch *Unfuck the Economy* schreibt Zeiler: »Dieser fucking *Shareholder Value, der nun mal größer ist, wenn die Kosten niedriger ausfallen. Also wird gespart.* […] Und am größten ist der Wert für Anteilseigner*innen natürlich, wenn in Ländern produziert wird, in denen der Staat gar nicht eingreift, um für sichere Arbeitsbedingungen zu sorgen.«

Je strenger die Gesetze, desto geringer die Gewinne für Unternehmen. Also setzt sich die Wirtschaft konsequent für weniger Einfluss vom Staat ein. »Wenn wir Ungleichheit aus einer wirtschaftlichen Perspektive betrachten, müssen wir deswegen vor allem das Shareholder-Prinzip infrage stellen«, schreibt Zeiler weiter. Scharfe Gesetze sind vor allem für Lieferketten in der Bekleidungsindustrie notwendig. »Weltweit arbeitet jeder sechste Beschäftigte in der Bekleidungsindustrie, dem *größten Arbeitgeber der Welt*, noch vor der Landwirtschaft oder der Autoindustrie. Doch weniger als 2% aller Beschäftigten bekommen ein Gehalt oberhalb des Existenzminimums«, schreibt Dana Thomas in *Unfair Fashion*. Mit Existenzminimum ist der Lohn gemeint, den Textilarbeiter*innen tatsächlich zum Leben bräuchten. Der gesetzliche Mindestlohn im globalen Süden (wenn es diesen überhaupt gibt) liegt häufig weit darunter, und Gewerkschaften kämpfen weltweit dafür, diesen auf ein faires Lohnniveau anzuheben.

Die Textilindustrie ist besonders verantwortlich, da sie den Rohstoff Baumwolle seit Jahrhunderten über Sklavenhaltung aus Afrika importiert und heute den Großteil der Produktion in den globalen Süden verlegt hat und dort so geringe Löhne für die Textilarbeiter*innen zahlt, dass diese davon kaum ihre Familien ernähren können.

»Hunger ist Mord, denn wir könnten dieses Schicksal abwenden«, schreibt Müller und führt aus: »Wir müssen uns dieser Herausforderung auf allen gesellschaftlichen, wirtschaftlichen und politischen Ebenen stellen. Vieles läuft falsch auf der Welt, insbesondere fehlt es an Solidarität.«[113]

Solidarität. Was bedeutet das eigentlich? Der Duden kennt zwei Bedeutungen:

1. unbedingtes Zusammenhalten mit jemandem aufgrund gleicher Anschauungen und Ziele
2. (besonders in der Arbeiterbewegung) auf das Zusammengehörigkeitsgefühl und das Eintreten füreinander sich gründende Unterstützung[114]

Es geht also um gleiche Anschauungen und Ziele. Das faire Jeans-Label *DAWN* Denim hatte als Claim zum Anti-Black-Friday, also dem Tag, an dem der weltweite Konsum durch wahnwitzige Rabattschlachten seinen jährlichen Zenit erreicht, eine Kampagne gestartet, die mich sehr berührt hat: »[...]we at Dawn decided to focus on our workers and their dreams. And theirs are just as big as yours.«[115] Ihre Träume sind so groß wie meine. Oder deine.

Natürlich unterscheidet sich das Leben von Textilarbeiter*innen in Bangladesch maßgeblich von meinem oder deinem. Das liegt aber nur an einer einzigen Tatsache: an der Losung zu meiner und deiner Geburt. Es liegt nicht mal an unserem Leben in Europa, denn auch hier gibt es sehr viele Menschen, die in Armut leben. Es ist das Leben, das ich lebe, das Glück, das ich hatte. Oder du. Denn du liest dieses Buch, was mich davon ausgehen lässt, dass alle deine Grundbedürfnisse gedeckt sind.

Was unterscheidet dich oder mich also von einem/einer Textilarbeiter*in? Nichts. Nur ein Fünkchen Glück. Denn die größte Lotterie im Leben ist der Ort unserer Geburt. Das heißt, in dir und mir, in unseren Herzen, stecken eigentlich dieselben Anschauungen, Wünsche und Lebensziele. Solidarität könnte keine bessere Grundlage haben.

- Wurdest du schon einmal an deinem Arbeitsplatz ungerecht behandelt?
- Hast du schon mal unbezahlte Überstunden gemacht, die dir niemand gedankt hat?
- Wurdest du schon einmal an deinem Arbeitsplatz sexuell belästigt?
- Hast du schon mal für zu wenig Geld gearbeitet?

All das gibt es sowohl bei uns als auch (in einem extremeren Ausmaß) in den Produktionsstätten in Schwellen- und Entwicklungsländern wie Bangladesch. Sicherlich kannst du einige der Fragen mit »Ja« beantworten. Ich habe auch einiges davon selbst erlebt und möchte dies für andere verhindern. Wir müssen uns solidarisieren.

»Wenn du lernst, deine Finanzen zu steuern, wirst du nie in Jobs, an Orten oder Beziehungen stecken bleiben, die du hasst, nur weil du es dir nicht leisten kannst, woanders hinzugehen«, schreibt Sophia Amoruso in #GIRLBOSS[116] und hat recht. Leider gilt das Gleiche auch umgekehrt: Überall da, wo Menschen nicht über genug Geld zum Leben verfügen, sind sie abhängig von anderen und können nicht frei entscheiden. Sie können sich aus Not, Ausbeutung oder Gewalt nicht mehr allein befreien. Im Gegenteil, sie werden abhängig von den Menschen, die sie ausbeuten, weil diese ihnen zumindest ermöglichen, ihre Familien vor dem Hungertod zu bewahren.

Die Kernfrage, die du dir auch jetzt wieder stellen solltest ist: Wem nützt es? Diese Frage hilft in unglaublich vielen Bereichen des Lebens, weshalb wir sie in diesem Buch häufiger ansprechen. Also unterstreiche sie dir gerne schon mal.

In dem weltweiten Bestseller *Ungezähmt* schlägt Glennon Doyle eine Lösung vor. Wir müssen »Sowohl-als-auch-Menschen« werden. Sie beschreibt das Leid als einen Fluss, aus dem wir Menschen zwar rausziehen können, aber auch erkennen müssen, wo dieser Fluss entspringt. Konkret bedeutet es, dass »wo großes Leid ist, oft auch großer Profit zu finden ist«. Wer Menschenfreund*in ist, kann nicht umhin, auch Aktivist*in zu werden. Denn sonst unterstützen wir dieses System indirekt mit.

Im Fall des Konsums bedeutet aus dem Fluss ziehen: Kauf Produkte, die fair produziert wurden. Dafür gibt es Siegel, denen du vertrauen kannst:

- *Fair Wear Foundation*[117]: Dieses Siegel hat eine hohe Glaubwürdigkeit und bewertet vorrangig Sozialstandards. Ökologische Aspekte sind zweitrangig.
- *Fairtrade*[118]: Dieses Siegel hat eine hohe Glaubwürdigkeit und bewertet vorrangig Sozialstandards. Ökologische Aspekte sind zweitrangig.
- *GOTS* (Global Organic Textile Standard)[119]: hat ebenfalls eine hohe Glaubwürdigkeit, betrachtet aber in erster Linie ökologische Aspekte und zweitrangig Sozialstandards.

Diese drei Siegel kannst du dir merken. Die ersten beiden sind besonders wichtig für alles, was Fairness angeht, und das dritte für den Umweltschutz. Alle Informationen und auch die Möglichkeit, die Siegel miteinander zu vergleichen, bietet dir die Website https://www.siegelklarheit.de/.

»Hungerlöhne in Textilfabriken, Zwangsarbeit in Minen oder Steinbrüchen, Kinderarbeit auf Baumwollfeldern,

Bananen- oder Kakaoplantagen. Über 70 Millionen Kinder arbeiten unter ausbeuterischen, gefährlichen Bedingungen.«[120] Leider ist das immer noch die Realität, auch wenn wir uns oft wünschten, dass die Produkte, die in unseren heimischen Supermarktregalen stehen, frei von Kinderarbeit oder Ausbeutung wären. Der Wunsch ist ja auch legitim, denn wie sollen wir abends nach Feierabend noch entscheiden können, was jetzt ein gutes oder schlechtes Produkt ist?

Sowohl als auch bedeutet auf Siegel zu achten, soweit sie klar erkennbar sind. Aber du solltest auch Fragen stellen. Wer profitiert davon, wenn ich es nicht tue? Oder wenn es mir nicht möglich ist, ein Produkt mit einem »Fair«-Siegel zu finden, wer bekommt dann mein Geld? Denn es ist dein Geld, dass du investierst und damit ein politisches Statement.

Tansy E. Hoskins schreibt in ihrem Buch *Das antikapitalistische Buch der Mode,* dass Fast Fashion eine verlogene Art der Emanzipation und ein Desaster für die Arbeiter*innen weltweit ist. »Es sind nämlich sie, die in Sweatshops schuften, es sind sie, deren Gewerkschaftsarbeit von Konzernen [...] vereitelt wird und deren Häuser durch die Folgen des Klimawandels überflutet werden oder in der Hitze zu Staub verfallen.«

Du bist keine Insel. Du bist ein*e Aktivist*in, die Entscheidungen treffen kann. Du wirst nicht immer die Wahl haben, und manchmal wird es auch schwer sein einzuschätzen, ob ein Produkt fair produziert wurde oder nicht. Wie gesagt, diese Intransparenz ist ein notwendiger Teil des Fast-Fashion-Systems und auch unseres Konsums in allen anderen Bereichen – es geht nicht ohne. Doch was kannst du tun?

1. Aus dem Fluss ziehen: Versuche Produkte zu kaufen, die fair produziert wurden. Verwende darauf wenige Sekunden. Wenn es dir nicht möglich ist, eine Entscheidung zu treffen, dann spare die Zeit und betrachte das Ganze flussaufwärts.
2. Wer profitiert davon?
3. Du kannst dem Unternehmen oder der Brand eine Mail schreiben oder bei Instagram fragen: »Warum kann ich nicht innerhalb von Sekunden erkennen, ob dies ein faires Produkt ist?«
4. Das ist Solidarität.

Yoga oder eine Frage der Gemeinschaft

Auf der Suche nach Antworten auf meine Fragen bin ich mit Anfang 20 zum Yoga gekommen. Oder vielmehr ist das Yoga zu mir gekommen. Nachdem ich die letzten Jahre meiner Schulzeit kippelnd verbrachte, um den Rückenschmerzen im aufrechten Sitzen zu entgehen, habe ich mich im ersten Semester an der Uni Rostock direkt für den Yogakurs im Hochschulsport angemeldet. Schließlich hatte ich gehört, dass Yoga gegen Rückenschmerzen helfen soll. Auch wenn das heute unvorstellbar scheint, galt Yoga zu Anfang der 2000er-Jahre noch als esoterisch angehauchte Freizeitbeschäftigung räucherkerzensüchtiger Sinnsucher. Entsprechend viele Plätze waren im Kurs noch frei. An einem winterlichen Dienstagabend, in kurzer Sporthose und T-Shirt gekleidet, war es dann soweit - meine erste Yogastunde. Atemzug um Atemzug, Haltung für Haltung, Minute um

Minute habe ich mich pflichtbewusst und steif wie ein Brett durch die verschiedenen Körperübungen gequält und war zunehmend davon überzeugt, dass dies meine letzte Yogastunde sein würde. Doch dann endete die Stunde mit *Shavasana*, der Totenstellung. Diese liegende Entspannungshaltung führte mich in einen bislang unbekannten, inneren Raum voller Entspanntheit und Stille. Mein Kopf war frei von kreisenden Gedanken, mein Rücken schmerzfrei und mein gesamter Körper tief entspannt. An diesem Tag hatte ich eine unglaubliche Entdeckung gemacht. Hatte ich tatsächlich das Tor zu innerer Ruhe, Zufriedenheit und Glück gefunden? Was auch immer es war, ich wollte mehr davon. Was folgte, war eine zehnjährige Forschungsreise in die Welt des Yoga.

Der Dienstagabend wurde zu meinem wichtigsten Termin der Woche, und als im Sommer schließlich ein neues Yogastudio eröffnete, wurde ich zum Stammkunden. Woche für Woche ging ich drei- oder viermal in den Kurs. Ich übte zu Hause fast täglich selbst. Und manchmal war ich schon *vor* dem Kurs zum Üben im Studio. Ich war ein Yoga-Streber.

Die Wahl des Yoga-Stils ist dabei nicht unwichtig. Inzwischen gibt es zwar über 200 verschiedene Yoga-Stile, doch wie bei einem Baum werden die vielen kleinen Äste getragen von wenigen großen Stämmen. Das Iyengar-Yoga ist nach seinem Erfinder B. K. S. Iyengar benannt, der das westliche Yoga seit seinem Buch *Licht auf Yoga* von 1966 ganz wesentlich geprägt hat. Charakteristisch sind bei der Übung im Iyengar-Yoga die Präzision und Wissenschaftlichkeit sowie der Einsatz von Hilfsmitteln wie Gurt, Stuhl oder Klotz.

Nachdem ich in Deutschland Iyengar-Yogastudios in München, Berlin, Hamburg oder Köln besucht habe, waren meine wissenschaftlichen Kongressreisen eine willkommene Gelegenheit, auch Lehrer und Studios in anderen Ländern kennenzulernen. Egal wohin die Reise ging, meine Yoga-hose hatte ich immer im Gepäck. Später habe ich selbst Yoga unterrichtet, im Hochschulsport der Uni und der Musik-hochschule Rostock. Ich hatte sogar schon Visitenkarten entworfen, auf denen »Yoga-Lehrer« stand.

Ja, Yoga eröffnet einen Zugang zu dem unveränderlichen Teil in dir, von dem aus wir alle leben. Und ja, es ist eine gute Idee, den Kopf mit dem Körper zu verbinden (Yoga, das Sanskrit-Wort für »zusammenbinden«, »anschirren«), eben weil »alles Unerträgliche im Kopf ist« (David Foster Wallace). Doch es ist auch eine Illusion, zu glauben, bloß weil du dein Bein hinter den Kopf falten kannst oder zehn Minuten im Kopfstand stehst, irgendeine besondere Qualifikation für ein gelingendes Leben zu erlangen. Im Gegenteil, nach Jahren der intensiven Praxis habe ich bemerkt, dass sich mein Yoga-Weg zunehmend entfernte von meinem Lebensweg mit Kindern, Familie und Beruf. Es fiel mir immer schwerer, meinen Rückzug auf die Yoga-Matte zu organisieren. Und wenn, dann hatte dieser auch nicht mehr dieselbe Wirkung wie anfangs. An der Übersetzung zwischen Matte und Alltag habe ich mein Yoga verloren. Die letzten Kurse besuchte ich 2010/11 bei Patricia Walden in Boston.

Seitdem befinde ich mich in einem Zustand, in dem ich nichts vermisse. Dass Yoga inzwischen zum kommerziellen Klischee verkommen ist und mit über 200 verschiedenen Yoga-Stilen, veganen Korkmatten und Microfaser-Frottee-Hot-Yoga-Handtüchern eher die Außendarstellung fördert, anstatt die Innenwendung zu stärken, finde ich schade. Ohne Herz und Seele ist Yoga nicht mehr als konzentrierte

Gymnastik. Auch wenn eine Yogastunde noch kein Gottes-
beweis ist, so doch zumindest ein Versuch. Schließlich ist es
nie zu spät für einen schmerzfreien Rücken.

Wir haben alles, was Sie brauchen

Das Ende der Welt, wie wir sie kennen, liegt auf der kleinen
Ostseeinsel Hiddensee. Viel ist über diese Insel schon
geschrieben worden. Die wohl jüngste Liebeserklärung ist
der Roman *Kruso* von Lutz Seiler, inzwischen preisgekrönt
und verfilmt.

Am südlichsten Ort dieser verwunschenen Insel gibt es
genau eine Möglichkeit zur Versorgung mit Grundnahrungs-
mitteln wie Brot, Äpfel oder Bier: die »Einkaufsquelle«. Am
Eingang des bungalowähnlichen Ladens hängt ein Schild,
das nicht nur den Markenkern der Einkaufsquelle beschreibt,
sondern die gesamte Philosophie der Insel:

> *Wir haben alles, was Sie brauchen.*
> *Was wir nicht haben, brauchen Sie auch nicht.*

Dieses unscheinbare Schild ist für mich immer wieder ein
Anlass, mit dem Einkaufsbeutel um die Schulter, barfuß auf
dem Heimweg über den Unterschied zwischen Bedarf und
Bedürfnis nachzudenken. Während der *Bedarf* Überlebens-
notwendiges wie Nahrung, Wasser oder Schlaf beschreibt,
entspringen *Bedürfnisse* der unendlichen Welt unserer Wünsche und Träume. Um etwas Ordnung in diese Welt der
menschlichen Bedürfnisse zu bringen, hat der amerikanische Psychologe Abraham Maslow eine Stufenlogik vorge-

schlagen und die berühmte Bedürfnispyramide entwickelt. Die Basis bilden die oben genannten Grundbedürfnisse unseres körperlichen Überlebens. Darauf baut das Bedürfnis nach Sicherheit auf, nach einem Dach über dem Kopf, einem geregelten Einkommen und Frieden. Dann folgen soziale Bedürfnisse wie Partnerschaft und Freundschaft. Diese ersten drei Stufen werden als Defizitbedürfnisse bezeichnet, weil deren Nicht-Befriedigung zu Krankheit und Unglück führen können. Die folgenden drei Stufen hingegen werden als Wachstumsbedürfnisse bezeichnet, weil diese potenziell grenzenlos sind und nie vollständig erfüllt werden können. Dazu zählen Individualbedürfnisse (Erfolg, Ansehen oder Freiheit), das Bedürfnis nach Selbstverwirklichung (Entfaltung persönlicher Potenziale und Kreativität) und Transzendenz (der Suche nach Sinn und die Verbindung zu etwas Höherem als der eigenen Existenz). Laut Maslow bauen alle Stufen der Bedürfnispyramide aufeinander auf. Das bedeutet, dass erst die Bedürfnisse der unteren Stufen befriedigt sein müssen, um Bedürfnisse der oberen Stufen zu entwickeln. Wer täglich ums Überleben kämpft, macht sich weniger Sorgen um die Entfaltung seiner kreativen Potenziale.

Auch wenn die Bedürfnispyramide über die Jahrzehnte oft kritisiert wurde, so bietet sie doch eine hilfreiche Orientierung zu der Frage, warum Menschen das wollen, was sie wollen. Denn so unterschiedlich wie wir sind auch unsere Bedürfnisse. Kommen wir also zurück zu Hiddensee und der beliebten Frage:

Was würdest du mitnehmen auf eine einsame Insel?

Körper

Ich trage mein Haar im Nacken geknotet, da der Wind es eh komplett zerzaust. Eine langärmelige dunkelblaue Bluse, dazu einen kurzen Rock und einen Wollpullover. Unter dem Rock meinen Bikini, in der stillen Hoffnung, es würde heute doch noch warm werden.

Ich habe sogar geschafft, Beauvoirs Mandarins von Paris auszulesen.

Man muss sich nur angewöhnen, auch beim Kartoffeln kochen zu lesen. An den roten Türrahmen der Kochküche gelehnt, mit dem Rücken zur immer offenen Haustür, ein Fuß lose im Schuh, das rechte Bein das Standbein. Hinter mir tobt der Wind, es pfeift und hätte sicherlich etwas Gemütliches, wenn es nicht Mitte August wäre und man sich nur am liebsten die Kleider vom Leib reißen und ins kühle Meer rennen würde.

(Hiddensee, Sommer 2016)

Kennst du das Gefühl im Sommer, wenn Sonne, Wind und Meer dieses magische Kribbeln auf der Haut auslösen, das bis spät in die Nacht anhält? Wenn du in Shorts und Shirt den Tag verbringst, das Haar salzig schmeckt und der Kopf nichts anderes wahrnimmt als das Meeresrauschen und das Buch in deinen Händen? Es ist wohl der Moment, in dem wir uns am vollkommensten fühlen und der Druck, perfekt sein zu müssen, von uns abfällt und wir einfach sein können.

Mit meinen Freundinnen Vanessa und Sarah haben wir im Rausch der gemeinsamen Zeit am Strand von Hiddensee dieses Gefühl mit dem Song »I'm Gonna Be Alright« von Jennifer Lopez & Nas besungen und dabei unsere Sehnsucht nach einem allgemeingültigen »Alright-Club« entdeckt.

Es handelt sich hierbei um eine absolute Ausnahme. Denn ansonsten besteht unser komplettes Leben daraus, alles richtig zu machen. Und richtig zu sein. Und wenn ich »richtig sein« meine, dann in allererster Linie natürlich das richtige Aussehen. Denn davon hängt, so suggeriert uns die Gesellschaft schon seit Jahrhunderten, *alles* ab: Beruf, Karriere, Liebe, Glück.

Es ist ein schmaler Grat, denn es ist nicht zu leugnen, dass ein cooler Look, ein guter Haarschnitt oder schöne Schuhe uns ein super Gefühl geben können. Wie oft habe ich schon das Haus verlassen, gemerkt, dass es kein Tag für Stiefel ist, bin wieder hochgelaufen, habe Sneaker angezogen und erleichtert gespürt: Ja, so ist es richtig. Und da haben wir es wieder: Solange wir es fühlen, ist es in Ordnung. Aber was passiert mit uns, wenn unser Gehirn uns konstant mitteilt, wir bräuchten etwas Neues? Wir wären nicht gut genug?

Werbung, Magazine, Popkultur: Immer wieder lernen wir, dass wir erst richtig sind, wenn wir die richtige Tasche, den richtigen Sneaker oder irgendetwas anderes extrem Richtiges besitzen. Hier gibt es auch noch einen weiteren Irrtum, mit dem uns Bürger*innen die Verantwortung übergeben wird: Wir sollen lernen, die Medien zu durchschauen, indem wir uns eine sogenannte »Medienkompetenz« erarbeiten. Medien, Magazine und Werbung schützen sich dabei mit der Behauptung, es ginge um künstlerische Freiheit, wenn wir uns seitenweise durch makellose Werbekampagnen blättern. Wir als Betrachter*innen könnten ja selbst abstrahieren, dass dies nur ein »Ideal« abbildet, auch wenn dieses Ideal etwa 99 Prozent der Menschen inklusive ihrer Körper ausschließt.

Es gibt sie aber, die sogenannte »Macht der Gewöhnung«, die globale Trends setzt, doch auch gefährlich sein kann. Als ich im Jahr 2006 meine erste schwarze Röhrenjeans trug und mich dank dieser mit den London Girls Sienna Miller oder Kate Moss identifizierte, war es für viele meiner Freund*innen noch ein Schock. Hatten wir doch seit unserer Kindheit strengstens vermieden, etwas zu tragen, was in entferntester Form an Karottenhosen erinnerte. Dass es nur wenige Saisons dauerte, bis eine ganze Generation enge Röhrenjeans nicht mehr als Kinderkleidung verstand, sondern mit Rock ›n‹ Roll verband, daran erinnern wir uns alle. Und nach dem Rock ›n‹ Roll kam der Mainstream, und bis heute ist die schwarze Röhre immer noch das Basic in vielen Kleiderschränken. Die Macht der Gewöhnung macht es möglich, dass Trends sich viral durchsetzen. Dasselbe passierte mit dem iPod, der zum iPhone wurde, und leider passierte es auch mit Schönheitsidealen. Je mehr weiße, dünne, feinporige Mädchen wir in den Magazinen sehen, umso fremder erscheint uns alles andere. Es geht um Körper, Hautfarben, Haare und noch so viel mehr.

Warum gibt es keine Gesetze, die es Medien verbieten, ein unrealistisches Schönheitsideal zu propagieren? Es ist naiv, zu behaupten, dass perfekt gephotoshopte Frauen irgendetwas mit Kunst zu tun hätten und darum einer künstlerischen Freiheit der Modemagazine unterlägen. Rassismus, Sexismus und ungesunder Körperkult haben nichts mit Kunst zu tun.

Eine fabelhafte Frau, die uns auch während der Kleiderei-Zeit in Hamburg begleitete, ist Melodie Michelberger, die gerade ein sehr wichtiges Buch geschrieben hat: *Body Politics*. Darin erklärt sie sehr genau und gut nachvollziehbar, warum der Diätkult und das vorherrschende Modediktat der »size zero« viel mit Rassismus zu tun haben – etwas, was wir uns alle klarmachen sollten. Mensch kann dafür auch den Begriff »Othering« verwenden – also das Entfremden von Andersartigkeit, um sich selbst hervorzutun. Melodie erklärt, dass rassistische Theorien von Europäer*innen erfunden wurden, um den profitablen Sklavenhandel zu rechtfertigen. In diesem Kontext wurde auch Fettsein mit »gierigen«, »wilden« Afrikaner*innen in Verbindung gebracht. Hinzu kam die im Protestantismus zunehmende Überzeugung, dass übermäßiges Essen sündhaft sein müsse und europäische Eliten wie auch weiße Amerikaner*innen versuchten, sich über die Fettphobie »von den vermeintlich zügellosen und deswegen fetten ›Anderen‹ abzusetzen. Gerade in den USA verbanden sich diese Ideen im frühen 19. Jahrhundert, und daraus erwuchs – ganz kurz gesagt – unsere heutige Diätkultur«, schreibt Melodie.

Und sie erzählt auch eine persönliche Geschichte, die mich sehr berührt. Während der Recherche zu ihrem Buch hat sie in analogen Fotokartons nach Beweisen für ihren eigenen »dick_fetten« Körper gesucht und immer nur Fotos eines längst vergessenen, schönen Mädchens gefunden. Kein Mädchen, das dem damaligen Ideal vom »Heroin-Chic«, dem Look der 90er, der durch abgemagerte Züge und Androgynie gekennzeichnet ist, entsprochen hat, aber dennoch oder vielleicht gerade deshalb wunderschön war. Woran sich Melodie jedoch erinnert, ist ihr immerwährenden Wunsch, dünner zu sein, um dem Ideal der Modewelt zu entsprechen.

Es ist ein ganzes Leben voller Kraftaufwendung, das sehr viele Frauen, aber auch Männer, in die Auseinandersetzung mit dem eigenen Körper stecken. Es ist ein Milliardenge-schäft. Die Modeindustrie profitiert von dieser Art Körper-hass, setzt Menschen Unsicherheiten in den Kopf und redet ihnen ein, sie müssten (noch) schöner sein. Wären Men-schen mit ihrem Körper zufrieden, bräche dieses ganze Sys-tem zusammen. Und so erkennen wir vielleicht erst Jahr-zehnte später, dass wir eigentlich alles hatten. Die Verbrei-tung eines künstlichen Schönheitsideals ist letzten Endes auch zutiefst entmachtend.[121]

The only way to deal with an unfree world is to become so absolutely free that your very existence is an act of rebellion.

– Albert Camus[122]

Es wird so viel Geld damit gemacht, Menschen immer wieder das Gefühl zu vermitteln, sie wären nicht gut genug. Wären wir zufrieden mit uns und unserem Körper, bräuchten wir nicht jedem Trend hinterherzulaufen, immer Neues zu kau-fen, denn wir wären ja zufrieden. Aber das wäre das AUS für diese Milliardenindustrie. Im Grunde gibt es zwei Möglich-keiten der Belohnung für unser Gehirn: Geld und damit Konsum oder Wertschätzung. Es ist sicher nicht leicht für uns, diesen Zyklus zu durchbrechen und uns statt mit Kon-sum mit Wertschätzung zu belohnen. Es hilft auch nichts, neuen Druck aufzubauen, indem wir sagen, wir müssen uns jetzt alle toll finden. Das passende Hashtag #bodypositivity kennst du sicher schon. Doch zu benennen, dass diverse Kör-per schön sind und dass unser Glück nicht davon abhängt, ist schon fast ein revolutionärer Akt.

Dabei unterstützen können dich diese Bücher:

- *Body Politics* von Melodie Michelberger, eine persönliche und extrem kluge Aufarbeitung ihrer eigenen Beziehung zu ihrem Körper.
- *Ungezähmt* von Glennon Doyle, eine feministische Ermutigung, bekannte Muster und Erwartungshaltungen hinter sich zu lassen, um ein freies Leben zu führen.
- *In den besten Jahren* von Simone de Beauvoir, ein Buch über eine ganze Epoche des geistigen Frankreichs mit seiner literarischen, philosophischen und politischen Avantgarde und Beauvoir als Feministin mittendrin.
- *Denn mein Herz ist frisch gebrochen* von Dorothy Parker, eine bittersüße Abrechnung mit den eigenen Fehlern und denen von allen anderen.

Widerstand (eine kurze Geschichte des gewaltfreien Protests)

»Wir sind alle Töchter und Söhne des Mai 1968. Wir sind geboren nach dem Sieg des Individuums über alles, was es am Denken, Leben und Vögeln hinderte. Und am Konsumieren«, schreibt Raphaël Glucksmann in seinem Buch *Die Politik sind wir!* und fährt einige Seiten später fort: »Wir sind in einer Welt geboren, deren Problem nicht ein Zuviel an Ideologie ist, sondern das Gegenteil: Die Leere.«

Wenn wir 2012 für Kleiderei noch meinten, dass alles jünger und frischer werden muss, so fanden wir uns doch schnell wieder in einem Trend zur friedvollen Achtsamkeit, Selbstliebe und Mindfulness. Statt dass alles bunter, freier, bewegter wurde, wurde es ganz still. Yoga war auf einmal überall, und Bücher über Selbstliebe wurden zu Bestsellern. Nirgendwo Widerstand, alles sehr konform. Die Leere, von der Glucksmann schreibt, war real, es gab kaum Reibung und ohne Reibung keine Energie.

Ich war mit 15 auf meiner ersten Demo, anstatt zur Schule zu gehen. Es ging um den Widerstand gegen den Irakkrieg. Ich war Schülerin der 9. Klasse in Köln und es war unsere Zukunft, die für Öl verkauft werden sollte, und wir waren in der Lage, die pure Brutalität darin zu begreifen, zu fühlen. Wir waren wütend. Bis heute gelten die Proteste, die 2003 in Berlin auf der Straße des 17. Juni eine halbe Millionen Demonstrant*innen versammelten, zu den größten in Deutschland.[123] Bundeskanzler Gerhard Schröder stellte sich mit seiner rot-grünen Regierung gegen Präsident Bush und den Irakkrieg und wusste, das Volk stand hinter ihm.

2013 leisteten die Einwohner*innen Istanbuls Widerstand gegen ein Bauprojekt auf dem Gelände des Gezi-Parks. »Was als Rebellion für das Leben der Bäume auf dem Platz begann, entwickelte sich zu einer Manifestation für die Meinungsfreiheit und gegen Polizeigewalt und Behördenwillkür«, schreibt Eva von Redecker in *Revolution für das Leben: Philosophie der neuen Protestformen.*

Diese Proteste haben gezeigt, wie eng alles miteinander verknüpft ist, in dieser Gesellschaft, in der wir leben. Das ist Fluch und Segen zugleich. Denn gewissermaßen erscheint uns die Welt und ihre Ordnung damit logisch. In den Zusammenhängen liegt ein Sinn. Da wo Bürger*innen ihre Bäume und freien Plätze schützen müssen, müssen sie auch ihr Recht auf Meinungsfreiheit schützen und sehen sich plötzlich Gewalt ausgesetzt. Das ist kein Zufall – sondern System.

2018 rief eine junge, kraftvolle Schwedin zum Schülerstreik auf. Weil sie das System nicht mehr versteht. Weil sie das, was global passiert, als brutal und als Ausverkauf ihrer Zukunft empfindet und weil sie nicht verstehen kann, dass die Gesellschaft nicht sofort handelt. Aus dem Unverständnis einer einzelnen Schülerin wurde schnell eine globale Bewegung.

»Noch in den erbitterten Vorwürfen an die Politik erhält sich ein Glaube an die bestehenden Hierarchien, dass von der Autorität zu erwarten sei, dass sie sich anständig um Probleme kümmere«, schreibt Eva von Redecker. Und dennoch findet vor unserer aller Augen eine Entfremdung zwischen der jungen Generation und den politischen Institutionen statt.

Fridays for Future ist jung, nüchtern und ernst, und doch, wenn ich heute zwischen Tausenden Bürger*innen von der

U-Bahn St.Pauli zum Rathausmarkt laufe und aus den Boxen Henning May und K.I.Z. rappen: »Hurra, die Welt geht unter« – dann passiert es unweigerlich: Mein Herz schlägt schneller, und ich denke: »Die Welt geht auf.« Denn diese junge, neue Generation wird einen Wandel vollziehen, auch wenn dieser (noch) nicht in dem Anspruch besteht, das politische System grundsätzlich umzuwälzen.

Extinction Rebellion (XR) ist die andere Widerstandsbewegung, die sich derzeit aktiv mit der Umwelt- und Klimakrise auseinandersetzt und Regierungen in aller Welt dazu aufruft, den Klimanotstand anzuerkennen. Dabei haben die XR-Aktivist*innen sich den friedlichen Protest auf die Fahnen geschrieben. Häufig fällt das Wort LIEBE. Und doch schrecken sie nicht vor Festnahmen zurück. »Wir handeln friedfertig und mit unbändiger Liebe in unseren Herzen. WIR handeln! Zivil und ungehorsam!« heißt es in ihrem Handbuch *Wann wenn nicht wir*.

Srdja Popovic wurde 1973 in Belgrad geboren und ist ein international bekannter Politaktivist. Er selbst fasst es in seinem Buch *Protest!* so zusammen: »Ich [...] erlebte eine erstaunliche Metamorphose vom Belgrader Bass-Gitarristen, der sich zu cool für Politik war, zu einem Gründer von OTPOR, der gewaltlosen Widerstandsbewegung, die den serbischen Diktator Slobodan Milosevic stürzte.« Inspiriert dazu wurde er 1992 von *Rimtutituki,* was frei übersetzt soviel heißt wie »ich stecke einen Schwanz in dich«, die die coolste Band der ganzen Stadt war und auf dem Platz der Republik ein Konzert spielte – mitten in einem von Soldaten besetzen Belgrad, denn Serbien befand sich im Krieg. *Rimtutituki* sang Sätze wie: »Wenn ich schieße, habe ich keine Zeit, zu vögeln«, und Popovic begriff, dass er mitten in einer Protestaktion stand, während die Körper wippten. Vom Punk zum politischen Aktivismus. Er erkannte, dass es selbst unter schwierigsten Umständen Möglichkeiten gibt, auf Unrecht hinzuweisen. Seine Freunde und er beschlossen – gewaltfrei – aktiv zu werden und Milosevic zu stürzen. Sie gründeten OTPOR, was übersetzt »Widerstand« bedeutet, und wählten als Symbol eine schwarze Faust, ein starkes Symbol, das schon die jugoslawischen Partisanen im Zweiten Weltkrieg oder die Black Panthers in den Vereinigten Staaten der 60er verwendeten. In der ganzen Stadt sprühten sie die schwarze Faust auf die Wände Belgrads. Alle wollten wissen, was es mit dieser Faust auf sich hatte und wer hinter der »Widerstands«-Bewegung steckte. Die Jungs hatten die Aufmerksamkeit auf sich gezogen. Die Bewegung beschloss, keine Gesichter zu zeigen, damit Milosevic's Polizei nicht gegen Einzelpersonen vorgehen konnte. Und sie wollten nicht zu politisch sein, da Politik langweilig ist. Die Proteste sollten Spaß machen und witzig sein. Lachen begriffen sie als stärkste Waffe gegen das Regime, denn Milosevic arbeitete mit Angst.

Eine der ersten Aktionen von OTPOR in der Stadt Kragujevac war es, Truthähnen weiße Blumen an den Kopf zu stecken und diese durch die Straßen laufen zu lassen. Damit spielten sie auf die verhasste Gemahlin des Diktators an, die jeden Tag eine weiße Plastikblume im Haar trug. Das serbische Wort für Truthahn ist eines der schlimmsten Schimpfwörter für eine Frau. Das Entscheidende war, dass die Polizei Stunden damit verbrachte, die Truthähne wieder einzufangen und die Bürger*innen nicht anders konnten, als bei dem albernen Schauspiel vor der Polizei ihre Angst zu verlieren.

Die Kombination aus wiedererkennbaren Symbolen und kleinen Aktionen, die große Aufmerksamkeit auf das

Unrecht lenkten, stärkte die Widerstandsbewegung und die Leute begannen ebenfalls, den Mut zu fassen, sich zu wehren.

Popovics Erklärung ist so simpel wie gut: Die Bürger*innen schließen sich häufig Diktatoren an, weil es diesen gelingt, sich als Marke zu inszenieren, weil sie nichts anderes kennen und weil sie ihre eigenen Leben häufig als so überladen empfinden, dass sie für Politik und Widerstand kaum noch Zeit finden oder sie sogar ausblenden. Mit Aktionen die verbinden, ohne mit erhobenem Zeigefinger zu wedeln, erreichen wir sie. Und wenn wir sie erreicht haben, hören sie auch zu. Popovic bezeichnet diese Vorgehensweise als »Lachtivismus«, der einer Demokratiebewegung hilft, den »Mörtel der Diktatur«, die Angst, zu zersetzen.

Selbst in Syrien gelang es Aktivist*innen, Aktionen umzusetzen, die die Macht des Diktators Baschar al-Assad infrage stellten: Nachts füllten sie rote Lebensmittelfarbe in Brunnen, sodass diese tagelang rotes Wasser spuckten und die Polizei nichts dagegen tun konnte. Ähnlich der serbischen Aktion mit den Truthähnen, bemalten sie Tischtennisbälle mit Anti-Assad-Slogans wie »Freiheit« oder »Es reicht« und verstreuten diese in den Straßen von Damaskus. Wieder rannten die Polizisten stundenlang herum und versuchten die Bälle einzusammeln. Dazu dröhnten aus Lautsprechern, die in Mülleimer versteckt wurden, Widerstandshymnen, und die Verteidiger des Regimes, die Polizei, führte zur Beseitigung dieses Durcheinanders ein ungewolltes Straßentheater auf.

»Der einzige Weg unsere Welt fundamental zu ändern, ist sie umzudenken«, heißt es in dem Film *Everyday Rebellion* von Arash und Arman T. Riahi, der 2013 in Dänemark prämierte und viele dieser gewaltfreien Proteste zeigt. Popovic versammelt ebenfalls eine fabelhafte Liste von Aktionen in seinem Buch *Protest!*, das ich dir unbedingt ans Herz lege. Und es erzählt auch die ganze Geschichte des gewaltfreien Protests und den letztendlichen Erfolg über den Diktator Milosevic.

Heute berät Popovic mit seiner Gruppe CANVAS andere Aktivist*innen, notfalls *undercover*, weil sie auch oft gegen Diktatoren in anderen Ländern Aktionen planen. Dabei stellt er immer die eine Frage: *Was beschäftigt die Bürger*innen wirklich?*

Niemand antwortet dann mit großen Dingen wie Bürgerrechten, freier Religionsausübung oder Versammlungsfreiheit. Es geht vorrangig um ganz konkrete Dinge: eine faire Bezahlung für die eigene Arbeit, Sicherheit für die Familie, Respekt und Würde.

Doch auch gewaltfreie Proteste brauchen die Masse, um erfolgreich zu sein. Um eine starke Bewegung zu mobilisieren, rät Popovic daher etwas, an das wir uns im Kleinen und Großen halten können: Nimm dir ein Blatt Papier und zeichne eine Linie. Zeichne dann dich selbst auf der einen Seite und überlege dir, wer mit auf deiner Seite stehen könnte. Wenn dir nur wenige Menschen einfallen, die mit dir für dieselbe Sache stehen, dann überlege nochmal. Wie kannst du mehr Menschen erreichen? Was bewegt sie? Woran merken sie, dass etwas nicht stimmt? Vielleicht ist es nicht immer dein oberstes Ziel. Aber es gibt sicher Schnittmengen zwischen deinem obersten Ziel, dem, wofür du brennst, und dem, womit sich die Bürger*innen beschäftigen.

Wo trifft sie das System direkt?

Setze da an.

Setze dich mit Gleichgesinnten zusammen und überlegt euch etwas Witziges, etwas Gewaltfreies.

Steckt die Menschen mit eurer Energie an, bringt sie zum Lachen und hört ihnen zu.

Dann werden sie euch zuhören.

Und dann könnt ihr zusammen etwas bewegen.

Fashion Revolution oder auch: don't forget the music

Als Pola und ich 2012 die Kleiderei gründeten, gab es weder Fridays for Future noch hatte ich das Buch von Srdja Popovic gelesen. Und dennoch war uns irgendwie klar, wenn wir etwas verändern wollten, dann musste es vor allem Spaß machen. Die Zeigefinger waren höchstens dafür da, sie mit bunten Ringen zu schmücken. Die Erklärungen dafür, wieso wir beschlossen hatten, Kleidung zu verleihen, überließen wir weitestgehend den Journalist*innen, die uns oft und gerne interviewten. Wir hatten für uns das Bedürfnis erkannt, Abwechslung im Kleiderschrank haben zu wollen, ohne damit weiterhin ein ausbeuterisches System zu unterstützen. Anstatt das schlechte Gewissen zu strapazieren, sprachen wir immer von diesem besonderen Moment: »Der ganze Kleiderschrank ist voll, und trotzdem hast du nichts zum Anziehen?« Wir wussten, dieses Gefühl kennen fast alle Frauen und sicher auch einige Männer.

Unsere Fotoshootings machten wir zusammen mit unserem guten Freund Denys Karlinskyy und unseren Freundinnen. Die einzige Anweisung lautete: »Habt Spaß!« Und so kamen auch schon mal eine gelbe Plüschente, ein geworfener Blumenstrauß oder die Hunde unserer Freundin Aline auf die bunten Bilder.

Wir nahmen es alles nicht so ernst, und damit holten wir sehr viele Menschen ab. Ich denke, darin lag unser Erfolg. Wir bauten eine Community auf und stießen die Frage an: Warum verleihen wir jetzt Kleidung, statt sie zu verkaufen? Was steckt da eigentlich hinter?

Am 24. April 2013 stürzte in Bangladesch das Rana Plaza, ein Gewerbegebäude, in dem mehrere Textilfabriken ihren Sitz hatten, ein. Arbeiter*innen hatten sich zuvor mit ihren Vorgesetzten über die Sicherheit des Gebäudes gestritten, aber unmissverständlich mitgeteilt bekommen, dass sie keinen Lohn bekämen, wenn sie das Gebäude nicht sofort wieder betreten würden. Eine Stunde später brach das Gebäude in sich zusammen.

»Die illegal errichteten, obersten Etagen wurden von riesigen Generatoren zertrümmert, die dort platziert worden waren [...]. Über tausend Personen fielen durch die Böden, in denen sich plötzlich Löcher auftaten, und wurden von einstürzenden Säulen oder heruntergefallenen Maschinen erschlagen«, beschreibt Tansy E. Hoskins den Einsturz, der für viele in der Textilindustrie der Moment war, in dem es nichts mehr zu leugnen gab: In diesem brutalen Geschäft setzen wir Tag für Tag Menschenleben aufs Spiel, um uns »schön« anzuziehen.

Orsola de Castro, Gründerin der globalen Bewegung *Fashion Revolution*, nutzt gezielt das Internet und soziale Medien, um Druck auf die Textilindustrie auszuüben: Am Fashion Revolution Day, dem Jahrestag des Einsturzes des Rana Plaza in Bangladesch, bei dem 1.134 Menschen starben, ruft sie Konsument*innen gezielt dazu auf, ihre Kleidung auf links anzuziehen, um so das Label zu zeigen und per Selfie oder direktes Taggen der Label in den sozialen

Netzwerken zu fragen: »Who made my clothes?«[124] Ein perfektes Beispiel, wie die Macht des Internets im Sinne einer nachhaltigeren Textilindustrie genutzt werden kann: Ein Bild sagt mehr als tausend Worte, der Fokus liegt auf dem Produkt, das in diesem Falle hinterfragt wird und stellvertretend Transparenz fordert.

Es bleibt aber nicht beim digitalen Protest, sondern, wie so vieles in den letzten Jahren, die Bewegung drängt auch auf die Straßen dieser Welt.

Im April 2019 saß ich im Zug und plante eine Demo. *Fair Fashion Move* hieß die Aktion, die sowohl in Hamburg als auch in Berlin und vielen anderen Städten dieser Welt anlässlich der Fashion Revolution Week am 24. April 2019 stattfinden sollte.

Im Bordbistro traf ich einen Freund aus Hamburg, Paul. Wir tranken Kaffee und ich versuchte zu erklären, warum es Zeit für uns war, auf die Straße zu gehen. Er hörte aufmerksam zu und sagte dann: »Denn sie wissen, was sie tun« – eine Anspielung auf den Kultfilm *Rebel Without a Cause* von 1955 mit James Dean.

Ja, sie wissen, was sie tun, die großen Konzerne dieser Welt.

Und wir wurden Rebels With a Cause. Wir gestalteten die Demo als eine Art Fair-Fashion-Führung durch Hamburg und vereinbarten Treffpunkte an Geschäften, die sich bereits für faire und nachhaltige Mode engagierten, indem sie nichts anderes in ihren Läden verkauften. Mir war es wichtig, nicht zu kritisieren, sondern einfache, erste Schritte zu zeigen, die die Teilnehmer*innen später leicht in ihren Alltag übersetzen konnten. Dazu sorgten die Jungs vom Fair Fashion Label Hafendieb für richtig gute Musik – ich würde glatt sagen, laute Musik ist essenziell für eine gute Demo. Ich werde nie vergessen, wie wir beim Sisters' March 2017 in Hamburg im strömenden Regen unsere »Don't-Grab-My-Pussy«-Schilder hochhielten, und aus den Boxen schallte »Can't Hold Us Down« von Christina Aguilera und L'il Kim durch die Straßen.

Kurz vor der Pandemie haben mein guter Freund und Co-Revolutionär Max Gilgenmann, seinerseits Content Director der NEONYT, der weltweit größten Messe für nachhaltige Mode, und ich einen Showroom zu den 70. Filmfestspielen in Berlin (der »Berlinale«) organisiert: *Prepeek Statements*. Der Impuls kam von einer Freundin von mir, Esther Roling, die selbst Schauspielerin ist und sich für mehr Nachhaltigkeit im Film einsetzt. Wir holten noch meine Freundin Miriam Stein (Schauspielerin) mit an Bord, die gerade im Begriff war, mit ihren Kolleg*innen Laura Fischer (Regisseurin), Pheline Roggan (Schauspielerin) und Moritz Vierboom (Schauspieler) Changemakers.film zu gründen, eine Initiative, die Schauspieler*innen und Filmemacher*innen zu mehr Nachhaltigkeit am Set einlädt.

Zusammen mit Max' Geschäftspartnerin Magdalena Schaffrin, die vor über zehn Jahren mit ihrem Green Showroom den Grundstein für die NEONYT legte, organisierten wir einen Showroom voll nachhaltiger Mode, aus dem die Schauspieler*innen ihre Outfits für die zahlreichen Events rund um die Berlinale leihen konnten. Der Clou daran: Wir lösten für die Schauspieler*innen das Problem ständig wechselnder Outfits und boten ihnen dafür eine nachhaltige Alternative an. Die Changemakers hielten spannende Panels zum Thema »Grünes Drehen«, wir hatten Aktivist*innen von Extinction Rebellion, Filmmakers for Future und German

Zero vor Ort, und die Stylistin Christianna Quack und ich suchten die schönsten Looks für die Schauspieler*innen heraus und erzählten ihnen nebenbei, warum die konventionelle Textilindustrie Mensch und Umwelt belastet, während unsere Organisationsrakete Gianna Main nicht müde wurde, alle mit fairem Kaffee und gutem Humor zu versorgen. Die Energie, die wir in diesen vier Tagen im Februar 2020 spürten, war so elektrisierend, dass ich direkt weitermachen wollte, noch bevor ich abends zurück im Hotelzimmer war. Ich wollte aufstehen, bevor ich schlafen ging.

Der Showroom war deshalb so erfolgreich, weil er Folgendes erfüllte: ein wahres Bedürfnis erkennen (Schauspieler*innen brauchen coole Outfits für Events) und dieses mit den Zielen der Bewegung (nachhaltige Mode und Film) so verknüpfen, dass alle Spaß dabei haben und erfühlen, warum ein Wandel stattfinden muss. So entsteht eine Community, die mit ihrem Spirit viel bewegen kann. Zum Beispiel schrieb sich die Schauspielerin Luisa-Céline Gaffron für ihren Auftritt auf dem roten Teppich die Namen der Opfer des Anschlags in Hanau (der zeitgleich passierte) auf die Hände:

Gökhan Gültekin
Sedat Gürbüz
Said Nesar Hashemi
Mercedes Kierpacz
Hamza Kurtović
Vili Viorel Păun
Fatih Saraçoğlu
Ferhat Unvar
Kaloyan Velkov
#saytheirnames

Und Welket Bungué, der Hauptdarsteller des großartigen Remakes *Berlin Alexanderplatz*, heftete seine, auf ein Stück Stoff gedruckten Botschaften *#WEAREALLMIGRANTS* und *#StopPolicyBrutality* an eine vegane Lederjacke, die er sich bei uns für den Photocall zur Festival-Premiere geliehen hatte, um so auf die Polizeigewalt in seiner Heimat Guinea-Bissau aufmerksam zu machen.

Dieses Jahr (2021), inmitten der Pandemie und der damit endlich auch medial diskutierten Frage der Überproduktion in der Mode, organisieren wir mit Fashion Revolution eine Installation in der Hamburger Rathausmarktpassage mit einem riesigen, atmenden Kleiderberg. Die Kleidungsstücke für den Kleiderberg kommen von der Hilfsorganisation Hanseatic Help, die diese eben nicht karitativ nutzen kann. Im Anschluss gibt es ein digitales Pub-Quiz zum Thema »Fair Fashion«, das wir zusammen mit der öffentlichen Entwicklungsinitiative Engagement Global umsetzen. Diese lokalen Aktionen sind wichtig zur Unterstützung der globalen Ziele für nachhaltige Entwicklung, auch bekannt als die 17 Ziele der UN oder Sustainable Development Goals (SDGs). Als Teil der »Agenda 2030« gelten diese Entwicklungsziele für die ganze Welt und eine Zukunft ohne Armut, Kriege und Umweltzerstörung. Zur Übersetzung der globalen 17 Ziele in dein persönliches Leben habe ich zusammen mit der Sängerin Mogli Anfang diesen Jahres den Online-Kurs »Exploring Sustainable Living and Loving with Mogli« auf der Plattform FutureLearn entwickelt. Der Kurs ist frei zugänglich und du kannst jederzeit anfangen.[125]

Es sind kleine Schritte, aber eben jene, die wir brauchen, um uns allen zu zeigen, dass wir mehr als nur Konsument*innen sind. Und es sind Schritte, die zeigen, dass Mode die

Macht hat, politische Statements zu setzen. Wir sind Bürger*innen, die das Recht haben, ein System zu hinterfragen und als Community gemeinsam zu verändern.

Dinge, die vielleicht nicht die Welt retten, aber trotzdem gut sind

Die Fridays for Future Aktivist*innen werden kritisiert, wenn sie auf Demonstrationen und Kundgebungen Plastikflaschen dabeihaben. Luisa Neubauer sagt dazu in ihrem Podcast *1,5 Grad*, dass mit diesen individuellen Konsumentscheidungen erfolgreich von den wahren, systematischen und strukturellen Problemen unserer Gesellschaft abgelenkt wird. Luisa erzählt von dem CO_2-Rechner, den BP finanziert hat, und sagt: »Das Ziel ist, die Leute sollen glauben, dass ihr individuelles Konsumverhalten ausschlaggebend ist für die weltweiten Emissionen, und nicht etwa die fossile Industrie, geschweige denn einzelne Öl- oder Gaskonzerne. Und sie sollen ihren eigenen Fußabdruck hinterfragen, statt den des Konzerns.«

Es ist ja nicht so, als hätten wir es nicht schon gesagt: Dein Konsum rettet nicht das Klima. Und doch möchte ich an dieser Stelle sagen, dass es ein paar Dinge gibt, über die mensch sich jetzt streiten kann, ob sie eine positive Auswirkung auf das Klima haben können oder nicht, die aber trotzdem gut für dich sind:

1. Fahrrad. Ich habe auf meiner geliebten Gazelle eine große Holzkiste für Einkäufe mit Kabelbindern auf dem Gepäckträger befestigt. Ganz ehrlich, es gibt wirklich

nichts Schöneres als Fahrradfahren. Hier ein paar filmische Beweise:

- *Flashdance*: Cooler gehts nicht: Alex, die mit derben Boots, weiten Jeans, Walkman und Rennrad jeden Morgen zur Arbeit als Schweißerin fährt, bevor all ihre Träume in Erfüllung gehen.

- *Molière auf dem Fahrrad*: ein Schauspieler im Ruhestand, der auf seinem Rad durch die windigen Landschaften Frankreichs radelt, bis ein alter Freund auftaucht, um zusammen ein Theaterstück von Molière einzustudieren.

- *Das Mädchen Wadjda*: Die zehnjährige Wadjda lebt in Saudi-Arabien. Täglich auf dem Weg zur Schule sieht sie ein Fahrrad im Schaufenster eines Geschäfts, aber weder hat sie das Geld sich das Rad zu kaufen, noch ist es Mädchen überhaupt erlaubt, Fahrrad zu fahren. Um sich ihren Traum zu erfüllen, verkauft sie Mixtapes an ihrer Schule und nimmt an einem Koran-Rezitationswettbewerb teil.

2. Glas-Wasserflasche: Du hast sie immer bei dir, und mittlerweile kannst du sie fast überall auffüllen. Wenn du sie vergessen hast, dann kauf lieber eine aus Plastik (die meisten sind heutzutage auch schon zu 100 Prozent recycelt), als nicht genug Wasser zu trinken. Denn das wäre nicht gut für dich.

3. Ciao Polyester! Und alle anderen Poly-Materialien, die zum Beispiel in Tops, Blusen oder Pullovern stecken. Denn alle verlieren durch die Reibung in der Waschmaschine winzige Plastikpartikel, die als Mikroplastik ins Meer gelangen und über den Wasserkreislauf dann

irgendwann wieder in unsere Körper. Naturfasern fühlen sich eh viel besser an auf der Haut.

4. Second-Hand, Vintage-Stores, Kleinanzeigen. Etwas nicht
neu zu kaufen, spart auf jeden Fall Ressourcen und ist oft
sogar günstiger. In der Mode ist die Qualität des Materials
und die Verarbeitung von Reißverschlüssen, Nähten oder
Innenfutter auch meistens hochwertiger. Und irgendwie
ist es ja auch immer wie eine kleine Schatzsuche.

5. Gemüse.

*You begin saving the world by saving one man at a time;
all else is grandiose romanticism or politics.*

– Charles Bukowski[126]

Achtsamkeit (oder vom Wunsch, möglichst schnell wieder gut drauf zu sein)

Am 17. Februar 2020 haben meine Jugendfreundin Susi und ich unseren ersten Post in der »Cool Crisis Community« auf Instagram abgesetzt, unserem neuen Kanal, der die Stimmung, die wir nach fast einem Jahr Pandemie in uns und unserer Umgebung fühlten, aufgreifen und ein Ventil bieten soll. Susi und ich kennen uns noch aus Potsdam, von unserer gemeinsamen Zeit auf der Internationalen Schule, quasi über die ganzen 90er hinweg. Wir trugen kurze Pullover über langen Oversize-Shirts zu Karottenjeans und hatten ungekämmtes, wildes Haar. So saßen wir schon damals stundenlang zusammen und schrieben uns gegenseitig ins Briefbuch, das wir fleißig täglich tauschten und dessen Inhalt eine Mélange aus Realität und Träumen war. Wir haben uns nie aus den Augen verloren, und nach einer langen Station in meiner heimlichen Lieblingsstadt Köln trafen wir uns in Hamburg wieder. Ich war mittendrin im Kleiderei-Business, und Susi arbeitete für einen Verlag, der sie an die Grenzen ihrer Kräfte brachte. Wir saßen seitdem oft zusammen und wollten einen Raum schaffen, in dem wir uns offener und freier mit Ängsten, Scheitern und Krisen beschäftigen.

Aus meinem Tagebuch entnahmen wir den Titel »How to stay cool whenever you fail«, und daraus wurde schnell »How to stay cool in every crisis«. Was mal als Buchidee anfing (und auch noch ein Buch werden könnte), ist jetzt ein Instagram-Kanal, in dem wir versuchen, einen sicheren Ort in diesem wirren Netz der sozialen Medien zu schaffen. Einen, in dem alle so sein können, wie sie sind, und in dem wir vor allem durch Zuhören zu uns finden. So gibt es regelmäßig Live-Gespräche (bei Instagram kann mensch »live« gehen und sich dann im Video-Split-Screen mit einer anderen Person für alle Follower*innen sichtbar unterhalten) mit Community-Mitgliedern über ihre Krisen und ihren Umgang damit. Die Idee ist ein wenig wie in einer klassischen Gruppentherapie:

1. Wenn ich die Geschichten anderer höre, verlasse ich kurzzeitig meinen eigenen Sumpf.
2. Dabei erfahre ich auch, dass ich gar nicht so alleine bin mit meinem Sumpf und es anderen auch so geht.
3. Mein Sumpf ist gar nicht so weit weg von der Krise der erzählenden Person, und so geht in mir schnell ein *Bang Bang* an, das zu Lösungen, Erleichterung, Inspiration oder sonstigen Helferlein aus der Krise führt.

»Es geht in Achtsamkeitsübungen darum, zu unserem grübelnden Kopf eine intelligente Beziehung zu entwickeln«, schreibt Frank Berzbach in seinem wunderschönen Buch (sowohl was Aufmachung als auch Inhalt betrifft) *Formbewusstsein*. Der erste Schlüssel zu einem achtsamen Umgang mit unseren Krisen ist, mit ihnen in Kontakt zu treten.

In den ersten Wochen unserer »Cool Crisis Community« haben wir schon gelernt, dass die Krise oft in unserem eigenen Kopf lebt, tanzt, wütet. Da geht es uns allen gleich. Von Anfang an sehr präsent war das Thema, dass viele von uns zu viel arbeiten und sich entkräften auf der Suche nach etwas, was ihnen das Gefühl gibt, richtig zu sein, fast wie eine Daseinsberechtigung. Als stünde unser Platz auf der Welt uns nur zu, wenn wir ihn uns immer wieder neu verdienen.

Und so laufen wir durch die Gegend, immer schneller, immer weiter und kommen doch nicht bei uns an. Unser erster Live-Talk war mit Linda, Co-Gründerin des *Demos Magazins*[127], die von ihrem Hörsturz letzten Herbst erzählte. Es war die Reaktion auf ein Burn-out, vorangetrieben durch zu viele Termine und zu wenig Pausen. Das Besondere an Lindas Geschichte ist, dass es sich um ihr eigenes Herzensprojekt handelte und nicht um übertriebene Anforderungen, die ihr jemand anderes von außen auferlegte. Aber selbst im eigenen Kosmos gelingt es uns oft nicht, auf uns aufzupassen. Auch wenn die Arbeit als sinnhaft erlebt wird, können wir an ungesunde Grenzen stoßen oder diese gar übertreten. Wenn wir uns aber schon selbst ausbeuten, dann ist es logisch, dass wir es auch bei der Umwelt oder anderen Menschen zulassen. Sorgen wir nicht für uns, können wir nicht auf unser Umfeld aufpassen.

Für die »Cool Crisis Community« haben wir Elena Meger, selbstständige Achtsamkeitstrainerin und Integraler Coach, gebeten, eine Summer School zum Thema »Achtsamkeit« zu entwickeln.[128] Es beginnt damit, die Krise anzunehmen. Das bedeutet nicht, sie zu akzeptieren oder nicht dagegen vorzugehen, aber erstmal anzuerkennen, dass sie da ist. Und dann kommt ein Teil, den ich sehr entscheidend finde: Desidentifikation. Du bist nicht deine Krise! Statt zu sagen: »Ich bin erschöpft«, hilft es oft schon zu sagen: »Ein Teil von mir ist erschöpft« – und schon kommen wir der Realität wieder näher.

Es hilft auch, sich zu fragen, was genau denn diese Erschöpfung ausmacht: Oft ist es gar nicht das große Ganze, sondern eine konkrete Erwartung, die wir mit der Krise nicht mehr erfüllt sehen. Ich habe zum Beispiel mal die nigelnagelneue Nintendo Switch meines Sohnes im Zug vergessen.

Abgesehen von dem finanziellen Wert hat der Verlust verschiedene Punkte in mir getriggert, die, wie ich bei genauerem Nachdenken gemerkt habe, ganz woanders lagen und mich bis ins Herz trafen.

Der erste Punkt war der Anspruch, stets alles im Griff zu haben, gerade als Mutter. Die verlorene Switch hat mir natürlich »bewiesen«, dass ich das nicht habe. Und so wurde aus dem Missgeschick eine große Tragödie des »Nicht-gut-genug-Seins«. Und gleichzeitig fiel ich in Zweifel mit einer Welt, in der mensch eben keine Switch im Zug vergessen kann und diese trotzdem irgendwie zurückbekommt. Mein Sicherheitsgefühl schrumpfte auf Erbsengröße und ich konnte einige Nächte nicht mehr ruhig schlafen, bis ich mir Stück für Stück beides bewusst machte.

Ich bin natürlich keine schlechte Mutter und schon gar keine Totalversagerin. Fast alle Menschen, mit denen ich darüber gesprochen habe, hatten selbst irgendeine kuriose Geschichte über vergessene Haustiere, Gepäckstücke oder Gegenstände, was mich wirklich sehr tröstete. Die Tatsache, dass Gelegenheit Diebe macht, ist etwas, was ich hinnehmen muss und letztendlich nur akzeptieren kann. Das Wichtige war aber die Hinwendung zu den beiden Gefühlen Scham und Angst. Gefühle, die wir alle tief in uns haben und unser Leben lang mit uns herumtragen. Gefühle, die das innere Kind in uns massiv verunsichern und die wir darum oft gar nicht zulassen wollen. Und da liegt das Missverständnis. Achtsamkeit bedeutet eben nicht, diese Gefühle zu ignorieren und mit einem heißen Entspannungsbad oder Meditation möglichst schnell wieder gut drauf zu sein. Achtsamkeit bedeutet hinzusehen, hinein zu spüren und es zuzulassen. Dann beruhigt sich auch das innere Kind, und wir beginnen, an diesen Krisen zu wachsen.

Anohni

In der Recherche fand ich besonders toll, so viel zu lesen, Bücher, die schon bei mir wohnten, Bücher, die neu eingezogen sind, Bücher, von denen ich glaubte, dass sie dieses Buch stärken würden. Mein Wunsch war es, keinen Monolog, oder in unserem Fall eher einen Dialog, zu führen, sondern dieses Buch wie eine Dinnerparty zu gestalten, bei der mensch auf einmal an den Lippen einer Person hängt und eine ganz neue Welt aufgeht. Oder vielleicht keine ganze neue Welt, aber wir entdecken zumindest, dass vieles, was wir schon gefühlt oder gedacht haben, auf einmal Sinn ergibt.

In der Psychologie wird dies als AHA-Moment bezeichnet. Als ich die folgenden Zeilen las, war es aber eher ein WOW-Moment, den ich mit unfassbar vielen Ausrufezeichen markierte:

Die Künstlerin und Musikerin Anohni berichtet in dem Handbuch *Wann wenn nicht wir** der Widerstandsgruppe Extinction Rebellion, dass ihr erst mit zunehmendem Alter klar geworden sei, dass die Unterdrückung schwuler Männer und die Unterwerfung der Frauen sich nicht nur aufeinander begründen, sondern auch den Weg bereitet haben für die zerstörerische Ausbeutung der Natur. »Es gibt also einen direkten Zusammenhang zwischen queerer Politik und Ökozid«, schreibt sie und ergänzt später: »Natürlich komme ich mir mit dem Fokus auf meine Identität als Transperson oft so vor, als ob ich Reise nach Jerusalem auf der Titanic spiele. Wozu für meine Identität eintreten, wenn die Umwelt, in der wir alle leben, gerade zusammenbricht?«

Wie viele Stunden meines Lebens habe ich schon der Musik von Antony and the Johnsons gelauscht, dazu geweint,

Katharsis gespürt, zu mir selbst zurückgefunden. Anohni ist die Pianistin und Leadsängerin eben dieser Band, die nicht nur mein Moratorium zwischen Kind und junger Erwachsener und allem, was danach kam, begleitete, sondern mit ihren Texten, in denen sie den Zeitgeist reflektiert, mich bis heute inspiriert. Im Herbst 2020 postete sie erneut den als zweite Single ihrer Solo-Karriere veröffentlichten Song »Drone Bomb Me« (von 2016) auf ihrem Instagram-Profil.

Der Song, so heißt es, ist aus der Perspektive eines Mädchens in Afghanistan geschrieben, deren Familie bei einem US-Drohnenangriff umgebracht wurde. Dieser Song hat bis heute keinen Funken an Aktualität verloren. Und so macht es Sinn, dass Anohni ihn erneut postet. Auch wenn du auf ihre Website gehst (https://anohni.com), setzt unmittelbar das Video zu diesem Song ein. Wenn du es noch nicht gesehen hast, schau es dir an.

Eine Blume blüht auch nicht das ganze Jahr

Unsere Gesellschaft geht von linearem Wachstum aus. Immer mehr, immer größer, immer weiter. In der Schule haben wir uns alle mit Koordinatensystemen und den darin beheimateten Graphen rumgeschlagen, steigend und streng monoton steigend. Letzteres waren eben die Graphen, die niemals absinken, deren Steigung nie ins Negative fällt. Dass wir darauf eine ganze Weltwirtschaft aufbauen, war mir mit 17 Jahren nicht klar.

Ich persönlich, Cis-Frau, also ein als weiblich gelesenes Wesen, in einem von mir auch als weiblich empfundenen

Körper, erlebe aber immer wieder, dass mein Leben nicht streng monoton steigend verläuft, sondern im Gegenteil, eigentlich jeden Monat nach einer Pause verlangt. Immer dann, wenn die Periode einsetzte, lernte ich von früh auf, dass das, was ich mir vorgenommen hatte, höchstes mit Doping durch Schmerzmittel zu erreichen gewesen wäre. Die Hoffnung, dass sich das verwächst, nahm mir zum Glück meine Mutter, die nicht verheimlichte, dass es sich hierbei nicht nur um eine Phase handelte, sondern etwas ist, das viele Menschen ein Leben lang begleitet.

Dann gibt es viele tolle Tipps, zum Beispiel, dass Sport krampflindernd wirkt. Mag sein, aber damit beginnen wir, das Weibliche, die zyklische Pause, die Entschleunigung nicht zu akzeptieren. Die Schmerzen, die ich dabei empfinde, begrüße ich natürlich nicht, und es gab auch den ein oder anderen Vorfall, als ich wirklich das Gefühl hatte, keine Kontrolle über meinen Körper zu haben – aber trotzdem erscheint es mir als falsch, sich mit allen Mitteln von einem zyklischen Wesen in ein lineares, immer funktionierendes Wesen zu wandeln.

Anohnis Worte haben mich so sehr getroffen, weil sie eine Wahrheit aussprechen, für die ich lange nur schwammige Worte fand. Als Beraterin für Kreislaufmodelle in der Modewelt rede ich zwar ständig davon, dass wir aufhören müssen, linear zu denken und stattdessen Kreisläufe implementieren sollten – was ja auch stimmt – aber wie weit dieses lineare System alles Zyklische und damit Weibliche ablehnt, und was das für jede*n Einzelne*n von uns bedeuten kann, dafür findet Anohni glasklare Worte.

Denn es ist ja nicht nur die Periode, die einige von uns monatlich immer wieder schachmatt setzt. Wir können uns ja alle, menschliche Wesen, die wir sind, eingestehen, dass es Zeiten gibt, in denen wir super leistungsfähig sind, und Zeiten, in denen kleine Aufgaben zu großen Kraftakten werden, in denen wir mehr zweifeln, in denen wir uns unwohl fühlen, auch wenn wir es gar nicht wollen. Wir sind eben alle zyklisch. In uns allen lebt eine weibliche und eine männliche Seele. Je nach Konstitution, Prägung, Glaubenssätzen wandelt sich die Gewichtung, aber wir sind alle alles. Ying und Yang.

Es geht darum, zu akzeptieren, dass wir keine rein linearen Wesen sind. Sehen wir es doch mal so: Bis in die verrücktesten Winkel unserer Evolution hat Mutter Erde es eingebaut:

Die Rebe wächst,
die Rebe trägt Früchte,
die Früchte reifen
die Trauben werden geerntet,
in Fässer gefüllt,
mit Füßen zerkleinert (evtl. für Weißwein gesiebt)
dann ruhen sie.
Hefe hinzufügen,
Fruchtfleisch vom Saft trennen (für Rotwein),
den Most circa zwei bis drei Wochen fermentieren lassen,
abfüllen,
nachreifen,
trinken,
tanzen,
glücklich sein.
KATER

Wir sind alle Menschen, die sich nach innerem Gleichgewicht sehnen und Tag für Tag damit ringen, dieses zu balancieren. Eine Blume blüht auch nicht das ganze Jahr. Und wenn wir ehrlich in uns hineinschauen, wissen wir auch, dass der Zauber der Blüte dann verginge. Es ist doch eben die Wandlung, die die Pflanze unternimmt, von der Regeneration über die Knospe bis hin zur Blüte, die ihre Erscheinung so magisch macht. Jeden Zyklus aufs Neue.

Oder wie Anohni schreibt: Diese Akzeptanz können wir allen Wesen, der Natur, uns allen entgegenbringen. Und die Ablehnung dessen, in all seinen Facetten, führt zum Ökozid.

Wir können aufhören, zu glauben, dass alles, was lebt, linear funktioniert, in Schubladen zu stecken ist, abzählbar wäre oder eineindeutigen Vorstellungen entspricht. Diesem alten Glauben zu folgen, würde bedeuten, von Maschinen auszugehen. Maschinen haben keine Identitäten. Sie sind berechenbar, planbar und machen darum angeblich auch weniger Angst. Manch einem von uns machen sie darum umso mehr Angst – zu Recht.

Und wenn ich schreibe, dass mir der Verlust über die Kontrolle meines Körpers Angst macht, dann nur weil ich mich selbst daran erinnern möchte, dass das okay ist. Nicht schön, aber okay. Eine Gesellschaft, die aufhört zu kontrollieren und stattdessen zulässt, dass wir nicht alles kontrollieren können und Regeneration den Zauber des Schönen ausmacht, könnte uns auf den Weg in eine freie Welt für alle führen.

Die globale Pandemie hat vielen von uns zum ersten Mal gezeigt, dass es nicht zwangsläufig immer weiter nach oben geht. Viele Jobs wurden abgesagt, viele von uns in Kurzarbeit geschickt. Das erste Mal erlebt eine ganze Generation, die sonst in einer Wachstumsgesellschaft groß geworden ist, dass es nicht nur bergauf geht. So dramatisch das in den Einzelfällen auch ist, so heilsam ist es doch für unser Grundverständnis. Es gibt Einbrüche, und das ist gut so.

Ein Buch, das ich mir vor einiger Zeit von meiner Freundin Lotta geliehen habe, heißt *Musenküsse*. Darin fasst Autor Mason Currey in kurzen, amüsanten Geschichten zusammen, was er über die Arbeitsweise(n) großer Künstler*innen in Erfahrung bringen konnte. Meine liebste Episode erzählt von Arthur Miller: »Ich stehe morgens auf, gehe in mein Büro und schreibe. Und dann zerreiße ich alles. [...] Manchmal bleibt was hängen, und das verfolge ich dann. Ein gutes Bild hierfür wäre vielleicht das eines Mannes, der mit einer Eisenstange in der Hand in einem Gewitter hin und her läuft.«

Für meine Abiturprüfung bereitete ich zwei komplett konträre Dinge vor. Für die mündliche Prüfung in Mathe die Eigenschaften eines streng monoton steigenden Graphen, für den Englisch-Leistungskurs das Drama *Tod eines Handlungsreisenden* von Arthur Miller. Diese Gleichzeitigkeit von Auf und Ab wäre sehr heilsam für uns alle.

Aufhalten oder bereit machen

Wir leben hier im globalen Norden nicht nur über unsere Verhältnisse, wir leben auch auf Kosten anderer. Spätestens 2015 wurde uns das Ausmaß des Unrechts, das unsere globalen Lieferketten verstärken, bewusst. Die Politik sah sich der Flüchtlingswelle ohnmächtig gegenüber, und es war die Nächstenliebe unserer Bürger*innen, die einen Totalausfall verhindert hat. Robert Habeck beschreibt es in *Von hier an* *anders* folgendermaßen: »[...] 2015, das als Jahr des staatlichen Ordnungsverlusts im kollektiven Gedächtnis hängen geblieben ist (und leider nicht als Jahr der Menschlichkeit und Großherzigkeit, die so überbordend waren und sich bis in unsere Gegenwart forttragen).«

Fakt ist, für etwa eine Milliarde Bewohner*innen der Erde ist Lebenssicherheit nicht gegeben. Seit dem Mauerfall 1989 und dem damit markierten Ende des Kalten Krieges sind weltweit etwa 50 neue große Mauern erbaut worden. Harald Welzer zählt sie in seiner Gesellschaftsutopie *Alles könnte anders sein* auf: Mauern wegen staatlicher Konflikte: 180 Kilometer auf Zypern, 248 Kilometer in Korea, 550 Kilometer zwischen Indien und Pakistan. Mauern und Zäune zur Verhinderung illegaler Migration: 180 Kilometer in Ungarn, 764 Kilometer zwischen der Türkei und Syrien. Donald Trumps Mauer zwischen den USA und Mexiko wurde nicht fertig. Es klafft eine mächtige Lücke, die aussieht wie ein Zahn, der im Gebiss fehlt. Und diese Lücke zieht jeden Tag Menschen an, die aus ihrer Heimat in die USA flüchten. »Arme Teufel, sie müssen viel leiden«, berichtet Porfirio, ein 63-jähriger Mann, der an der Mauer wohnt, und zeigt in dem Bericht der *Tagesschau* auf die Büsche: »Hier verstecken sich oft Kriminelle, die die Migranten überfallen, weil sie denken, dass die etwas Geld dabeihaben. Hier wurden auch schon Frauen vergewaltigt. Ich würde das nicht riskieren, was die machen.«[129] Überall auf der Welt bauen Staaten gefährliche Mauern auf, um Migration zu verhindern.

In einer Welt, die immer heißer wird, werden die Menschen sich bewegen müssen.

Es wird Orte geben (vorrangig im globalen Süden), aus denen Menschen sich wegbewegen müssen, weil sie überflutet oder zu heiß und trocken werden. Und es wird Orte geben (vorrangig im globalen Norden), da müssen Menschen sich innerlich bewegen und Platz machen, für jene, die ihre Heimat verlassen müssen.

»Der Klimawandel könnte zum Hauptfluchtgrund werden«, prognostizierte António Guterres, der heutige Chef der UN, schon 2009 auf dem Weltklimagipfel in Kopenhagen. »Der Klimawandel verstärkt den Wettstreit um die Ressourcen – Wasser, Nahrungsmittel, Weideland – und daraus können sich Konflikte entwickeln.« Eine Folge des Klimawandels ist der massive Anstieg von Naturkatastrophen. Die Zahl der klimabedingten Katastrophen ist laut UN-Büro zur Katastrophenvorsorge in Genf (UNISDR) von durchschnittlich 165 auf inzwischen 329 pro Jahr gestiegen. [130] Bei fast jeder Naturkatastrophe – Erdrutsche, Überschwemmungen, Taifune oder Hurrikans – müssen Menschen aus ihren Häusern fliehen, häufig über Landesgrenzen hinweg. Es wird geschätzt, dass in den nächsten 50 Jahren zwischen 250 Millionen und einer Milliarde Menschen gezwungen sein werden, ihre Heimat zu verlassen. [131] Das sind jedes Jahr mindestens 6 Millionen neue Vertriebene als unmittelbare Konsequenz von Naturkatastrophen, Wasserknappheit und Dürren. Der Kampf um sich verknappende Ressourcen erhöht das Konfliktpotenzial weiter. Viele zunächst als »Umweltkatastrophe« bezeichnete Ereignisse sind darum humanitäre Katastrophen, für die wir uns bereit machen sollten.

Wir hier im globalen Norden, in Europa und Nordamerika, wir können uns bereit machen, uns mit dem strukturellen Rassismus unserer Kulturen auseinandersetzen, ihn sehen zu lernen, zu fühlen, um dem (noch) Unbekannten weniger feindselig gegenüberzustehen. Dafür hilft es, sich mit folgenden Menschen und ihren Gedanken und Büchern zu beschäftigen:

- Alice Hasters (2019): *Was weiße Menschen nicht über Rassismus hören wollen aber wissen sollten.* hanserblau
- Emilia Roig (2021): *Why We Matter. Das Ende der Unterdrückung.* Aufbau Verlag
- Tupoka Ogette (2019): *Exit RACISM: rassismuskritisch denken lernen.* Unrast Verlag
- Kübra Gümüşay (2020): *Sprache und Sein.* Hanser
- Olivia Wenzel (2020): *1000 Serpentinen Angst.* Fischer Verlag

Wir können uns bereit machen, indem wir Nächstenliebe, Freundlichkeit und Fürsorge feiern. Denn wir sind dazu in der Lage! Die Flüchtlingskrise 2015 hat gezeigt, dass wir es können. Dass wir Menschen in der Lage sind, Solidarität zu zeigen, da zu sein, Schutzsuchenden zu helfen. Mich daran zu erinnern, wie viele Menschen Überstunden an Bahnhöfen eingeplant haben, um den Angekommenen bei der Orientierung zu helfen, wie in den Hamburger Messehallen und an vielen anderen Orten Spenden angenommen, sortiert und weitergegeben wurden, rührt mich immer noch sehr, und ich wünsche mir, dass wir diese Kraft wieder in uns finden, denn daran wird sich entscheiden, wie das nächste Jahrhundert für die Menschheit ausgeht.

Aktuell begegnet uns das Thema Migrationspolitik vor allem auf der griechischen Insel Lesbos, im dortigen Flüchtlingslager »Moria«. Im März 2021 jährte sich das EU-Türkei-Abkommen zum fünften Mal. Dieses Abkommen ist die Grundlage der Bedingungen auf Lesbos. Das Abkommen besiegelt seit 2016 folgende Vereinbarung: Europa versprach Milliardenhilfen, im Gegenzug verpflichtete sich die Türkei, Fluchtrouten abzuriegeln und nach Griechenland Geflüchtete zurückzunehmen. Mit dem Ziel, das EU-Türkei-Abkommen aufrechtzuerhalten, hat die griechische Regierung in den letzten Jahren die Weiterreise von Flüchtlingen verhindert. Infolgedessen sind die Einrichtungen auf vielen griechischen Inseln stark überfüllt. Das Flüchtlingslager Moria, das für weniger als 3.000 Personen ausgelegt war, beherbergt inzwischen schätzungsweise 13.000 Menschen, vielleicht sogar mehr. Zusätzliche Pandemie-Beschränkungen führen dazu, dass die Menschen dort unter erbärmlichen und gefährlichen Bedingungen feststecken. Im September 2020 kam es dann zu einem Brand.

»Das Elend von Moria ist keine ›humanitäre Katastrophe‹, sondern Ergebnis einer europäischen Politik, die auf der Auslagerung der Verantwortung für Flüchtlinge und Migrant:innen basiert«, stellt Maximilian Pichl, der Autor der Studie *Der Moria-Komplex* der Frankfurter Hilfsorganisation medico international fest.[132] Am Beispiel der Lage im Flüchtlingslager auf Lesbos belegt er, dass es einen direkten Zusammenhang zwischen der Situation der Flüchtlinge und der europäischen Migrationspolitik gibt.

Die Situation auf Lesbos ist ein politisches Problem, das auf politischer Ebene behandelt werden muss: »[…] einige Hilfsorganisationen auf Lesbos befinden sich derzeit in einer paradoxen Situation. Sie sind von den Problemen abhängig geworden, die sie eigentlich beheben sollen. Mensch sollte daher die weiterhin katastrophale Situation im Lager hinterfragen und den massiven Summen an Geld und Arbeitskraft, die dafür mobilisiert wurden, gegenüberstellen«, beschreibt

Shirin Tinnesand von der lokalen Hilfsorganisation Stand by Me Lesvos das Dilemma.[133]

Der Fall Moria zeigt, dass auch wenn wir Bürger*innen uns bereit machen, politisch noch einiges passieren muss. Die humanitären Hilfen wurden durch Kampagnen wie *#leavenoonebehind* in den sozialen Netzwerken verbreitet, und engagierte Bürger*innen spendeten Geld und, soweit es durch die Pandemie möglich war, auch Hygieneartikel, Essen und anderes Lebensnotwendiges. Aber das reicht eben nicht. Wir als Bürger*innen können Symptome bekämpfen, Schmerzen lindern, Zuversicht bieten. Aber Gesetze ändern, das kann am Ende nur die Politik.

Und es gibt ein weiteres Dilemma, das nur auf politischer Ebene gelöst werden kann: Der Klimawandel ist heute noch kein Grund für Recht auf Schutz. Das in der Genfer Flüchtlingskonvention vereinbarte Asylrecht steht bislang nur Menschen zu, die vor Krieg, Diskriminierung oder politischer Verfolgung fliehen, nicht jedoch Menschen, die durch die Auswirkungen der Umwelt- und Klimakrise vertrieben werden. Ist das zu glauben?

Die Utopie vom plastikfreien Bad

Seit Beginn meiner Arbeit für Kleiderei haben wir mit dem Start-up Stop The Water While Using Me! zusammengearbeitet. Die Vision dieses Unternehmens ist es, auf den Ressourcenverbrauch hinzuweisen, den unsere tägliche Pflegeroutine mit sich bringt. Wir verbrauchen zu viel Wasser und Plastik. Wir verbrauchen das Wasser aber nicht nur beim Zähneputzen, sondern auch bei der Herstellung von Produkten. Der Einsatz von Chemikalien verseucht Trinkwasser und macht daraus ein knappes Gut.

Ein weiteres Problem ist Mikroplastik: Im Sommer 2017 war ich mit Greenpeace und ihrem Aktionsschiff Beluga II, einer Art schwimmendem Labor, in Köln, um die Mikroplastikverschmutzung des Rheins zu untersuchen. Kunststoffteilchen, die kleiner als fünf Millimeter im Durchmesser sind, gelten als Mikroplastik. Das können Abriebe von Autoreifen sein, zerrissene Plastiktüten oder sogar fabrikneue Kügelchen, die von Kosmetikherstellern und der Verpackungsindustrie weiterverarbeitet werden. Auch beim Waschen von Kleidungsstücken aus synthetischen Fasern wie Polyester gelangt der Abrieb dieser Fasern ins Wasser. Dort können verschiedene Wasserorganismen diese Partikel mit Nahrung verwechseln und verschlucken. Gefährliche Chemikalien, die sich an die Partikel anlagern, gelangen so in die Nahrungskette. In den ersten zehn Stichproben aus dem Rhein fand die Crew der Beluga II stets Mikroplastik, und auch bei unserem Test in Köln war es nicht anders. Auf dem Foto, das ich mit meinem Handy durchs Mikroskop gemacht habe, sehen wir sie ganz deutlich: die kleinen, glitzernden Mikroplastikpartikel, die direkt im Rhein unter der Hohenzollernbrücke in Köln herumschwimmen.

Nachdem wir 2014 unseren zweiten Kleiderei-Store in der Hamburger Sternschanze aufgegeben haben, war das Start-up Hydrophil unser Nachmieter. Hydrophil – zu Deutsch wasserliebend – nahm sich ebenfalls dem Thema nachhaltiger Pflegeprodukte an und traf damit direkt den Puls der Zeit. Dank Hydrophil habe ich erstmals von plastikfreien Alternativen wie zum Beispiel Bambuszahnbürsten gehört.

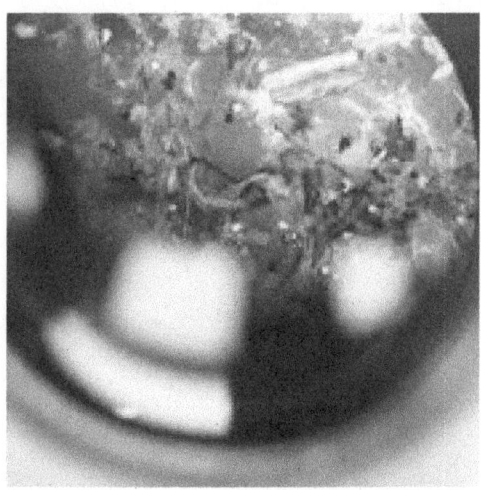

Die Impulse junger Start-ups werden mittlerweile zum Glück auch von großen Konzernen übernommen. Viele der Produkte, die wir heute auch in normalen Drogerien kaufen können, werden mit weniger Chemikalien, weniger Verpackung, weniger Mikroplastik produziert. Die Nachfrage dieser Produkte, geschaffen durch das Angebot von Start-ups wie Hydrophil oder Stop The Water While Using Me!, hat Einfluss auf den Markt, und die Industrie zieht nach. Das ist ein fabelhaftes Beispiel dafür, wie die Wahl der Produkte, die wir kaufen, einen positiven Einfluss haben kann. Unser Bad wird quasi eine kleine Revolution.

Ich erlebe aber leider auch oft, wie aus einem Impuls eine extrem kritische Überzeugung werden kann. In den letzten Jahren ist es mir nicht selten passiert, dass mein Besuch irritiert davon war, dass mein Bad nicht komplett plastikfrei ist. Als dürfte ich mich erst für eine bessere Welt einsetzen, wenn ich als perfekte Konsumentin alles Menschenmögliche getan habe. Und auch in meinem eigenen Kopf spukt dieser innere

Richter immer wieder herum: Wenn ich dann Zahnseide kaufe, in der Regel ein Wegwerfartikel aus dem Material Nylon (Achtung Erdöl!), das von der Umwelt nicht abgebaut werden kann, dann fühle ich mich schlecht. Mittlerweile gibt es zwar auch Alternativen aus nachhaltigen, nachwachsenden Rohstoffen, was toll ist, aber ich möchte auf etwas anderes hinaus: Wieso fühle ich mich schlecht, wenn mein Sohn oder ich Zahnseide benutzen, wenn doch die Zahnärztin sagt, dass das wichtig ist?

Weil auch das plastikfreie Bad zu einer unerreichbaren Utopie werden kann. Eine Utopie ist der Entwurf einer möglichen, zukünftigen, meist aber fiktiven Lebensform oder Gesellschaftsordnung, die nicht an zeitgenössische, historisch-kulturelle Rahmenbedingungen gebunden ist. Natürlich ist es, heute mehr denn je, möglich, kein Plastik mehr im eigenen Bad zu haben. Aber damit wird leider noch lange nicht alles gut. Denn mein plastikfreies Bad löst das strukturelle Problem nicht und raubt mir möglicherweise die Kraft, gegen eben diese Strukturen vorzugehen.

In Deutschland werden 15 Prozent des Plastikmülls wiederverwertet und im klassischen Sinne recycelt. Der überwiegende Teil unseres Plastikmülls landet in Verbrennungsanlagen, und es ist leider die bittere Realität, dass weitere 15 Prozent unseres Plastikmülls exportiert wird, zum Beispiel nach Malaysia, Indonesien oder Vietnam. Gerd Müller fordert daher einen Müllexportstopp – denn wieso ist nicht jedes Land verantwortlich für den Müll, den es doch selbst produziert? – und beschreibt den katastrophalen Kreislauf, in dem wir erst die Rohstoffe aus den Minen ärmerer Länder zu niedrigen Preisen beziehen, daraus unsere Konsumgüter herstellen, um am Ende den ärmeren Ländern wiederum unseren Müll aufzuhalsen, mit dem diese dann irgendwie fertigwerden müssen. »In einer globalisierten Welt des Waren- und Ressourcenaustauschs müssen Kreisläufe vom Anfang eines Produkts, dem Abbau und Anbau über die Verarbeitung und Nutzung bis zur Entsorgung nachhaltig und nachvollziehbar gestaltet und verantwortet werden.«[134]

Das trifft auf fast alle Rohstoffe zu, die wir für unseren Konsum brauchen. Wir importieren Kleidung, und wenn wir sie dann nicht mehr wollen, exportieren wir sie auf Secondhand-Märkte in Afrika. Wir führen Kriege für Öl und exportieren dann den Plastikmüll. Aus den Augen, aus dem Sinn.

Was Müller als »Müllexportstopp« bezeichnet, ist eine politische Maßnahme. Wir erreichen keinen Müllexportstopp, indem wir Konsument*innen uns gegenseitig mit unserem plastikfreiesten Bad übertrumpfen. Im Gegenteil, im schlimmsten Fall wenden wir so viel Energie für die Suche nach möglichen Alternativen auf, dass uns die Kraft fehlt, gegen das wahre Problem vorzugehen: Wir sind Bürger*innen einer Welt, in der wir politische Maßnahmen für den Umwelt- und Klimaschutz fordern können. Wir können sagen: Ja, ich kaufe plastikfrei, wo ich kann, und ich stelle das Wasser aus, wenn ich mir meine Haare einseife oder die Zähne putze, aber ich kann nicht kontrollieren, was mit meinem Müll passiert, nachdem ich diesen korrekt getrennt und fein säuberlich sortiert, in vielfarbigen Mülltonnen entsorgt habe. Dafür ist die Politik zuständig. Eine Politik, die weltweite Freihandelsabkommen als Grundlage für eine globalisierte Welt vereinbaren kann, muss auch in der Lage sein, dafür zu sorgen, dass Unternehmen dazu verpflichtet werden, in Kreisläufen zu produzieren, mit ihren Produkten möglichst wenig Müll zu erzeugen, Recyclingverfahren zu implementieren und da, wo Müll trotzdem noch anfällt, eine umwelt- und menschenfreundliche Entsorgung zu gewährleisten. Das können wir in Petitionen einfordern oder indem wir NGOs wie Greenpeace unterstützen.

Es gibt eine geteilte Verantwortung, und solange diese nicht von allen Seiten wahrgenommen wird, messen wir uns gegenseitig am plastikfreien Bad und anderen Utopien eines nachhaltigen Lebens.

Die Zukunft sind Räume

When you put beauty in a place that has none, that's a game changer.[135]

– Ron Finley

Der Süden von Los Angeles ist eine Gegend, die bekannt ist für organisierte Kriminalität, Drogen, Armut und staubigen Beton. Es ist der wohl unwahrscheinlichste Ort, um jenes Experiment zu starten, das Ron Finley den Spitznamen »Gangster Gardener« einbrachte. An sechsspurigen Straßenkreuzungen, verlassenen Parkplätzen und aufgerissenen Gehwegen begann er eines Tages damit, Grünflächen und Beete anzulegen, um Tomaten, Karotten und Zitronen zu ernten.

Während seine grüne Eroberung der urbanen Wüste von South Central L.A. anfangs gegen geltendes Recht verstieß und mit Bußgeldern belegt wurde, hat Finleys Ausdauer und der Zuspruch seiner Nachbarschaft schließlich zu einer Gesetzesänderung und Legalisierung geführt. Dass Urban Gardening inzwischen kein unbekanntes Fremdwort mehr ist, hat sehr viel mit Ron Finley und seinem persönlichen Motto »go plant some shit« zu tun. Seinen TED-Talk aus dem Jahr 2013 haben inzwischen fast vier Millionen Menschen gesehen[136], und der inspirierende Film *Can You Dig This* von 2015 bebildert die erstaunlichen Veränderungen, wenn Menschen ihre Hände in Erde stecken, Waffen gegen Schaufeln tauschen und ihre Nachbarschaft begrünen.

Was mit Urban Gardening als gelungenes Experiment im lokalen Umfeld seinen Anfang nahm, ist inzwischen zu einer globalen Bewegung herangewachsen. Weltweit setzen immer mehr Städte auf eine grüne Stadtentwicklung. Die grundsätzlichen Ziele sind dabei immer die gleichen: mehr Grünflächen, weniger Autos und saubere Luft. Von Barcelona und Johannesburg, über Istanbul und Tokio, bis Berlin und Seattle versammelt das globale Netzwerk *C40* weltweit fast 100 Großstädte, um den *gemeinsamen* Herausforderungen unserer Zeit auch *gemeinsam* zu begegnen.[137] Denn zu Beginn des 21. Jahrhunderts stehen Städte und Metropolregionen weltweit denselben Herausforderungen gegenüber: Klima, Mobilität, Energie, Gesundheit, soziale Integration, grüne Stadtentwicklung – bei all diesen Themen gibt es mehr Gemeinsamkeiten als Unterschiede, weshalb ein offener Erfahrungsaustausch äußerst sinnvoll ist. Daher veröffentlicht das Netzwerk viele inspirierende Fallbeispiele aus London, Oslo oder Barcelona, um die Machbarkeit sowie Umsetzbarkeit der Pariser Klimaziele auf der Ebene einzelner Städte zu zeigen[138]. Die Message ist dabei immer gleich: Wenn es *dort* schon gelingt, dann schaffen wir das *hier* auch.

Als Konstanz noch im Mai 2019 als erste deutsche Stadt den Klimanotstand ausrief, war das Erstaunen über diesen Schritt groß. Schließlich wurden fortan alle Entscheidungen unter einen Klimavorbehalt gestellt. Egal ob Neubauten, Straßenbau, Energiemanagement oder Sanierungsprojekte, bei jeder Entscheidung wollen die Stadtvertreter nun Klima-, Umwelt- und Artenschutz berücksichtigen. Inzwischen umfasst die Liste deutscher Orte und Gemeinden, die den Klimanotstand ausgerufen haben, ganze 73 Einträge.[139]

Als internationaler Vorreiter beim Klimaschutz gilt dabei Kopenhagen, das schon bis 2025 klimaneutral sein möchte. Aber auch das bislang größte Innovationsprogramm der schwedischen Regierung ist beispielhaft. Mit dem *Viable-Cities*-Projekt[140] ist geplant, bis zum Jahr 2030 insgesamt neun Städte (darunter Stockholm, Malmö und Göteborg) klimaneutral umzubauen.

Doch es geht um mehr als nur Klimaneutralität. Wir brauchen insgesamt deutlich höhere Ansprüche an die Qualität unserer Landschaften und Städte. Es geht um Lebensräume (Betonung auf »Leben«), die uns darin unterstützen, ein gesundes und gutes Leben zu führen. Räume, die die Lebensqualität und das Wohlbefinden fördern, statt zu verringern.

Einen Anfang macht der Thriving Places Index, der im landesweiten Vergleich aller Städte in England oder Wales zeigt, wie lebenswert zum Beispiel die eigene Heimatstadt ist. Berücksichtigt werden dabei nicht nur städtische Grünflächen, der Energiemix oder das Abfallmanagement, sondern auch Arbeitslosigkeit, Kriminalität, Krankheiten, Bildung sowie Kennzahlen zu lokalen Wirtschaftskreisläufen. Am Ende werden alle Kennzahlen zusammengezogen und bilden einen Wert zwischen 0 bis 10, der auf der Website thrivingplacesindex.org transparent nachvollziehbar ist.

Grundlage des Thriving Places Index sind die folgenden drei Leitfragen:

1. Ist das Wohlbefinden gerecht verteilt?
2. Schaffen lokale Behörden die richtigen Bedingungen für Wohlbefinden?
3. Wird Wohlbefinden auf nachhaltige Weise geschaffen?

Der Thriving Places Index ist damit ein messbarer Ausdruck unseres Bedürfnisses nach lebenswerten Städten. Dieses Bedürfnis beschreibt auch das Konzept der 15-Minuten-Stadt.[141] Es soll Stadtbewohner*innen ermöglichen, vom eigenen Wohnort aus alles Wichtige in 15 Minuten mit dem Rad zu erreichen: Einkaufsmöglichkeiten, Arbeitsplätze, Parkanlagen, Schulen und Kindergärten, Kultur- und Sportangebote.

Denn spätestens seit dem letzten Jahr muss die Stadt für ihre Bewohner*innen viel mehr bieten als nur Shoppingcenter oder Jobs. Ohne die Möglichkeit zur Flucht aus der Stadt, um im Urlaub oder beim Wochenendausflug ins Grüne die nötige Erholung vom Lärm und Smog zu finden, bemerken wir nun das schmerzliche Fehlen urbaner Orte der Entspannung und Erholung. Dafür waren unsere Städte bislang einfach nicht gemacht. Doch auf einmal ist die Lebensqualität des eigenen Stadtviertels sehr wichtig geworden, und viele Bewohner*innen bemerken, dass es dort gar nicht alles gibt, um ganz alltägliche Bedürfnisse zu decken.

Meine 15-Minuten-Stadt heißt Rostock. Seit inzwischen fast 20 Jahren lebe ich hier. Die Entscheidung, meine Heimatstadt Berlin nach dem Abitur zu verlassen, habe ich sehr bewusst getroffen. Ich wollte einfach weniger Zeit in S- und U-Bahnen oder im Stau verbringen, nur um meine Alltagswege zu bewältigen. Allein die Fahrt zur Musikschule-Mitte in der Gipsstraße beim Hackeschen Markt (damals Marx-

Engels-Platz) war eine gefühlte Weltreise. Nicht anders war es, wenn ich Freunde besuchen, Basketball spielen oder zur Bandprobe wollte. Nach dem Abitur habe ich noch ein knappes Jahr in Friedrichshain verbracht. Dort war ich zwar wahnsinnig stolz auf meine erste eigene Wohnung, fühlte mich aber mindestens genauso aufgefressen vom Leben in der Stadt. Für die weitreichende Entscheidung, mein Studium an der Universität Rostock aufzunehmen, genügte ein Tagesausflug. An einem frühen Sommermorgen stieg ich in die Regionalbahn nach Rostock, schaute mir die Fakultät in der Ulmenstraße an, fuhr anschließend mit der S-Bahn (!) weiter an die Ostsee und war mir abends auf der Heimfahrt sicher: In dieser Stadt möchte ich leben.

Seitdem verbringe ich meine Tage in der 15-Minuten-Stadt Rostock auf dem Fahrrad oder zu Fuß. Wenn es regnet, springe ich auch manchmal in die Straßenbahn. Im Radius von 15 Minuten kann ich alle meine Bedürfnisse erfüllen: Kindergarten und Schule, Freunde treffen und Sport machen, Konzerte besuchen und essen gehen, Supermarkt, Wochenmarkt, Baumarkt und: arbeiten. Nachdem ich viele Jahre zwischen Rostock und Greifswald gependelt bin, weiß ich die wenigen Minuten auf dem Fahrrad bis zur Hochschule heute sehr zu schätzen.

In einer 15-Minuten-Stadt soll genau diese Art der Ländlichkeit die Lebensqualität durch Radwege, Autofreiheit, Erholungsflächen und Erreichbarkeit erhöhen. Um diese Anstrengungen richtig einordnen zu können, ist es wichtig zu verstehen, dass wir auf einem urbanen Planeten leben. Das bedeutet, dass inzwischen über 55 Prozent der fast acht Milliarden Erdenbürger in Städten leben, fast jeder Zehnte sogar in Mega-Städten mit über 10 Millionen Einwohnern.[142]

Seit Jahrzehnten schon steigt der weltweite Anteil der urbanen Bevölkerung. Ein bislang ungebrochener Trend, der allen Anzeichen nach auch in Zukunft weiter zunehmen wird. Daher stellt sich die Frage nach der Qualität von Lebensräumen auch im globalen Maßstab.

Harald Welzer beschreibt es in *Alles könnte anders sein* folgendermaßen: »Die Megacitys des globalen Südens wachsen insbesondere, weil ländliche Bevölkerungen […] in ihren angestammten Regionen nicht mehr überleben können; die Folge ist ein rapides Wachsen von Slums mit allen damit verbundenen Problemen.« Die Menschen fliehen in die Großstädte, weil es dort mehr Möglichkeiten, mehr Chancen gibt. Aber es herrscht auch in den Großstädten keine soziale Gerechtigkeit, und so teilen sich die Megacities wieder in gute Viertel und schlechte Viertel auf, so wie wir es aus New York, London, Berlin oder Paris kennen.

In der Utopie einer perfekten Stadt wünschen wir Bürger*innen uns Parks, Grünflächen und Sportanlagen, die gemeinsam genutzt werden, saubere Luft, weniger Lärm und keine Armut auf den Straßen. Warum gelingt uns das nicht?

Um diese sozialen und gesundheitlichen Ziele zu erreichen sowie die Erderwärmung zu verlangsamen, das Aussterben von Tier- und Pflanzenarten zu bremsen, Ökosysteme zu schützen und eine wirksame Regeneration von Land und Meer zu ermöglichen, brauchen wir nicht nur grüne Städte, sondern einen *Global Deal for Nature*. Zur Erreichung der Ziele des Pariser Klimaabkommens wird vorgeschlagen, bis 2030 mindestens 30 Prozent der Erdoberfläche unter Naturschutz zu stellen und weitere 20 Prozent zur Klimastabilisierung auszuweisen.[143] Diese sogenannte *Half-Earth-Initiative*, also der Vorschlag, die halbe Erdoberfläche zur Naturschutzzone zu erklären, wird seitdem intensiv diskutiert.[144] Dieser und viele weitere Vorschläge symbolisieren jedenfalls einen Wechsel der Gangart, von einer ressourcenverschlingenden Wirtschaftsweise und unkontrollierten Globalisierung[145] hin zu *planetary stewardship,* also einer verantwortungsvollen Haushalterschaft, die unsere Erde, das Haus des Lebens, für alle Lebewesen schützt, erhält und gestaltet. Denn unsere Zukunft sind Lebensräume, die mehr sind als nur Räume.

Social Distancing
erinnert uns daran,

wie gern wir
eigentlich kuscheln.

Going local

Ich wollte hier eigentlich ein tolles Kapitel über die kleinen Freuden deiner Stadt schreiben, die du für dich alleine entdecken kannst. Orte der Zuflucht, um den eigenen Alltag hinter dir zu lassen und zu dir zu finden. So etwas wie: Schlüpfe in eine Jeans, einen lässigen aber weichen Pullover, ziehe eine Jacke darüber und setze dir einen Hut oder ein Basecap auf den Kopf. Klemme dir eines der Bücher unter den Arm, die du seit Monaten lesen möchtest. Das Smartphone bleibt daheim. Dann setzt du dich ins Bistro, bestellst Kaffee und lehnst dich zurück, lässt die Vöglein zwitschern.

Doch gerade (Frühjahr 2021) sind wir mitten in einem erneuten Lockdown, und es fühlt sich surreal an, etwas über Begegnungen und Orte zu schreiben, wenn sie doch einfach nicht stattfinden oder momentan nicht erreichbar sind, und wenn alles, was wir eigentlich *nicht* brauchen, noch mehr Zeit alleine ist. Es gäbe für mich keinen Grund, ohne Begleitung in ein Bistro zu gehen, denn so viel allein wie in den letzten zwölf Monaten war ich noch nie in meinem Leben. Es ist mir eigentlich gleich, was wir machen würden, ob essen, trinken oder tanzen, Hauptsache, es könnten wieder alle dabei sein.

Ich wünsche mich alsbald zurück in eine Welt, in der wir uns in bunte Vintage-Kleider und Cowboy-Stiefel kleiden und tanzen. Etwas mehr als 50 Jahre nach Woodstock und ziemlich genau 100 Jahre nach den 20er-Jahren, mit Big Band, Flapper-Kleidern und von der Decke rieselndem Konfetti, genau wie in *Babylon Berlin*.

Aber noch verbringen wir die meiste Zeit in unseren Wohnungen, eng verbandelt mit digitalen Medien, die uns durch den Lockdown tragen. Die große weite Welt und unser individuelles, lokales Leben könnten gerade nicht weiter voneinander entfernt sein, und doch ist es eben die Verbindung dieser beiden, die uns schon lange begleitet und entscheidend für unsere Zukunft sein wird.

»Glokalisierung« ist eines der Worte, die zur Beschreibung unserer Zeit nach der Pandemie vermehrt in Diskussionen herangezogen werden. Geprägt wurde der Begriff in den frühen 90er-Jahren von dem Soziologen Roland Robertson. »Glokalisierung« bezeichnet die Verbindung und das Nebeneinander des vieldimensionalen Prozesses der Globalisierung und seiner lokalen Auswirkungen und Zusammenhänge. Alles ist verbunden, und jegliches Geschehen an jedem Punkt der Welt ist von lokal-regionaler und gleichzeitig global-überregionaler Bedeutung. Der Prozess der Globalisierung wird im eigenen Leben und Alltag greifbar. Glokalisierung ist also die lokale Auswirkungs- und Erscheinungsebene einer weltumspannenden Globalisierung. Aufgrund globaler und gleichzeitig lokaler Vernetzungen entstehen Netzwerke, die zum einen für die Bildung transnationaler Produktions- und Vermarktungsstrukturen verantwortlich sind und zum anderen für die Veränderung der jeweiligen lokalen Kulturen.

Für Robertson ist die Glokalisierung eine Ausarbeitung der Globalisierung und eben keine endgültige Entscheidung zur Priorisierung des einen über dem anderen. Das Lokale gibt es ohne das Globale nicht. Trotzdem lässt sich Glokalisierung unter verschiedenen Aspekten beobachten und besitzt unter anderem eine kulturelle, ökonomische, politische und soziologische Dimension. Der Begriff fällt auch oft im Zusammenhang mit der Art und Weise, wie wir in Zukunft produzieren: nämlich weitestgehend lokal und nur, wo es Sinn macht, auch global.

Glokalisierung im sozialen Sinne bedeutet, dass wir Kulturen um uns herum wahrnehmen und trotzdem unsere eigene Identität behalten. Es geht um die Vernetzung in einer Welt, die zwar immer globaler, aber auch entfremdeter wird – ein Thema, mit dem wir gerade jetzt in der Pandemie konfrontiert werden. Das deutsche Model Toni Garrn postete zum ersten Lockdown:»Irgendwie habe ich das Gefühl, dass die Erde uns alle in unsere Zimmer geschickt hat, um darüber nachzudenken, was wir getan haben.«[146] Dort können wir die Zeit nutzen, um uns zu überlegen, wie wir Gemeinschaft in Zukunft leben wollen. Oder simpel gesagt: Social Distancing erinnert uns daran, wie gerne wir eigentlich kuscheln.

Körperliche Nähe und Berührung sind nicht nur für Babys und frisch Geborene überlebenswichtig, sondern für uns alle. Erst vor Kurzem hat die medizinische Forschung entdeckt, dass soziale Isolation und Einsamkeit als Risikofaktor ebenso gefährlich sind wie das Rauchen oder Bewegungsmangel: Je niedriger die soziale Integration, desto höher ist das Risiko für Krankheit und Tod.[147] Unser Gesundheitssystem sollte also ein Interesse daran haben, Gemeinschaft aktiv zu fördern, denn umgekehrt teilen die fünf Orte auf der Welt, an denen die gesündesten und ältesten Menschen leben – die sogenannten »Blue Zones« – alle ein verbindendes Merkmal: Egal ob auf der japanischen Insel Okinawa, auf Sardinien oder Ikaria in Griechenland, überall leben die Menschen mit Freude in familiärer Gemeinschaft, gegenseitiger Unterstützung und sozialer Teilhabe.

Die Bedeutung von Körperlichkeit und Gemeinschaft bringen wir bis heute vor allem mit einer Bewegung in Verbindung: den Hippies. Paradoxerweise hat die Love-Peace-and-Happiness-Bewegung einen Wandel angestoßen, der mit Kuscheln heute nicht mehr viel zu tun hat: die Digitalität.

Die Blumenkinder aus San Francisco haben die digitale Revolution Ende der 60er-Jahre ins Rollen gebracht. Darin begründet sich auch der bis heute anhaltende Mythos des Silicon Valley, als Ort, an dem alles Digitale geboren wird. Genauer gesagt liegt der Geburtsort der Hippiebewegung in Haight Ashbury, einem Stadtteil von San Francisco. Dort nahm die Suche der Bohemians nach einem Ausweg aus den engen Regeln und Normen der amerikanischen Normalgesellschaft ihren Anfang. Dabei verfolgten sie den Traum eines vernetzten Bewusstseins, in Verbindung mit allen Menschen und der ganzen Welt.

Im Grunde war es die ewig während Sehnsucht nach einer besseren Realität. LSD war damals noch legal und ein massiver Verstärker für den Traum vom vernetzten Bewusstsein. Gitarrengott Jimi Hendrix zum Beispiel beschrieb LSD als einen Weg, mit dem inneren Selbst in Kontakt zu treten.[148] Es stellt sich die Frage: Lässt sich das Bewusstsein auch auf anderen Wegen erweitern?

Es passierte viel in den Jahren: Sputnik, der Kalte Krieg, und 1964 gingen Student*innen in Berkeley und Stanford auf die Straße. Die Hippies suchten einen eigenen Weg. »Turn on, tune in, drop out« ist ein berühmtes Zitat des Harvard Professors Timothy Leary.[149] Damit meinte er, dass sich die Hippies vom politischen Aktivismus fernhalten und stattdessen ihrem inneren Bewusstsein zuwenden sollten. Janis Joplin und Jimi Hendrix wurden zu globalen Ikonen der Bewegung.

Haight Ashbury veränderte sich nach 1969. Viele Hippies verließen San Francisco, zogen in Kommunen aufs Land und dachten dort weiter über eine vernetzte Welt nach. Psychedelische Drogen wie LSD halfen ihnen dabei, die Grenzen unterschiedlicher Bewusstseinsstufen aufzulösen, neue Perspektiven entstanden, darin wilde Farbspiele und bunte Muster.

Das Bindeglied zwischen Flower Power und Technologie war der *Whole Earth Catalog*, der alle Produkte und Informationen führte, die für das Leben in den Kommunen auf dem Land nötig waren. Der Katalog vernetzte die Kommunen untereinander mit Informationen, indem er über das Leben der jeweils anderen berichtete. Der Hippie Stewart Brand hatte den Katalog 1968 gegründet. Bei den naturverbundenen Hippies entfachte er damit eine Liebe zur Technologie, weil sie hofften, somit die bewusstseinserweiternden Erfahrungen durch LSD auch im Alltag erlebbar zu machen. Die Technologie sollte quasi eine Erweiterung des eigenen Verstandes sein und so alles und alle vernetzen.

Damit trieben die Hippies aber auch die Konsumbewegung voran: Sie wollten mithilfe von Technologien zusammenarbeiten, um sich selbst zu verwirklichen. Von dort aus war es nur noch ein kleiner Schritt, bis zur heute weitverbreiteten, digitalen, konsumgetriebenen Selbstorientierung und -optimierung.

Schließlich ging Stewart Brand aufs Ganze und organisierte 1984 eine Konferenz, in der Hippies auf Hacker trafen.[150] Apple-Gründer Steve Wozniak war einer von ihnen. Stewart Brand entwickelte auch The WELL, das erste soziale Netzwerk der Welt, das Hippies und Start-ups zusammenbringen sollte. Steve Jobs war auch dabei, ebenfalls ein Hippie im Geiste. Spiritualität war ihm wichtig, er ernährte sich vegan und suchte nach seinem Platz im Leben. Selbst als Apple längst zum Vorreiter der Computer-Revolution aufgestiegen war, gefiel er sich immer noch in seiner Rolle als Rebell gegen das »Establishment« und zeigte sich gerne barfuß.

Der Traum der Hippies von einem global vernetzten Bewusstsein, in der alle und alles miteinander verbunden sind, lebt bis heute in der Technologie fort und wurde zum Fundament unserer Netzwerkgesellschaft. Es ist die unerfüllte Vision einer freien Welt, die durch Technologie verbunden ist und nicht staatlich reguliert wird.

Der Preis der Freiheit

Es gibt kaum etwas, das sich in den letzten zehn Jahren so verändert hat wie die sozialen Netzwerke. Ähnlich wie die Geschichte von Sophia Amoruso und ihrem Mode-Business Nasty Gal, das sie größtenteils über MySpace und Ebay aufbaute (was heute schier unmöglich ist), klingt es inzwischen sehr weit weg, wenn ich sage, dass wir Kleiderei mithilfe von *Facebook* bekannt gemacht haben – ganz ohne Werbeanzeigen. Wir haben nicht eine einzige Anzeige geschaltet. Ich weiß nicht mal, ob das überhaupt schon möglich gewesen wäre. Einen Instagram-Kanal haben wir uns auch erst zum Ende des ersten Geschäftsjahres angelegt. Ja, wir waren wirklich sehr offline unterwegs – damals.

Ein Buch, das ich zu dieser Zeit regelrecht verschlungen habe, ist Jeremy Rifkins *Die Null-Grenzkosten-Gesellschaft*, in dem es um die Ökonomie des Teilens geht, die das Internet möglich macht. Wissen, dass einmal online gestellt wurde, erzeugt fast keine Kosten mehr, abgesehen von Energie, aber auch hier geht Rifkin davon aus, dass wir diese in der Zukunft kostenlos zur Verfügung haben werden, beispielsweise in Form von Solarzellen. Dahinter liegt die Logik eines Kapitalismus, der sich mit seiner Kostenreduktion im freien Wettbewerb selbst entkräftet: Steigt die Produktion ständig, fallen die Preise so lange, bis sie keine Gewinne mehr einbringen. Am Ende liegen die Grenzkosten, also die Kosten für jede zusätzlich produzierte Einheit, fast bei null. Zudem werden Konsument*innen durch den Zugang zu kostenlosen, unendlichen Informationen im World Wide Web zu Prosument*innen, die Produkte und Märkte aktiv mitgestalten. In Rifkins Vision verlieren Giganten wie Google ihre Monopolstellung, weil die Prosument*innen sich vernetzen und an Marktmacht sowie Unabhängigkeit gewinnen. Leider sieht die Gegenwart anders aus. Konzerne wie Google, Facebook und Amazon lenken, filtern und bestimmen unseren Konsum, unsere Meinungsbildung sowie unseren Informationszugang und gehören obendrein zu den großen Gewinnern der Pandemie.

Schon zwei Jahre vor meiner Geburt programmierten kalifornische Hippies 1985 das bereits erwähnte, erste sogenannte soziale Netzwerk der Welt: The WELL. Die Vision: eine virtuelle Gesellschaft. Das Credo: »You own your own words!«[151]

In diesem Satz steckt so viel: Deine Worte sind deine eigenen, sind deine Verantwortung, sind deine Kraft. The WELL ist WG-Küche, Ideenschmiede, Kontaktbörse und Karrieresprungbrett, alles auf einmal. Die Gründer von AOL (Steve Case) und Craigslist (Craig Newmark) trieben sich hier herum. Zukünftige Internet-Milliardäre trafen auf Hacker.[152] Noch heute ist The WELL aktiv und lebt von Monatsbeiträgen der Mitglieder, um das Netzwerk werbefrei zu halten. Dadurch haben die Mitglieder den Vorteil, nicht ständig Produkte oder Content untergeschoben zu bekommen, die Hypes kreieren und (politische) Meinungen bilden (oder verstärken). Das ist besonders interessant, denn mensch könnte ja meinen, dass der hippieske Ansatz ein kostenloses Netzwerk für alle wäre, richtig?

Heute steht auf Well.com: »Here, you don't just own your own words, you own your identity, too.«[153] Damit wären wir einmal mehr bei der engen Verbindung zwischen Geld und Freiheit angekommen. Den berühmten Satz »Wenn das Produkt umsonst ist, bist du das Produkt« kennen wir durch den Internetpionier Jaron Lanier oder spätestens seit dem Film *The Social Dilemma* von Jeff Orlowski.

Während die Hippies eine direkte Verbindung sahen zwischen bewusstseinserweiternden Drogen und der digitalen Welt, kippt die Gesellschaft heute in das exakte Gegenteil. Ich denke, niemand würde soziale Netzwerke heute als Orte eines vernetzten Bewusstseins beschreiben. Was für die Hippies ihr LSD war, sind heute für uns Likes: Opium fürs Volk.

Trotzdem ist die Grundidee der Hippies aufgegangen, mithilfe von Technologie eine Gesellschaft zu gestalten, in der Selbstverwirklichung und persönliches Wachstum eine zentrale Rolle spielen. Was sich jedoch nicht verwirklicht hat, ist die Vision einer gestärkten Gemeinschaft. Selbstoptimierung erscheint heute als Verpflichtung für alle und stärkt eher den Selbstbezug als die gemeinschaftliche Freiheit.

Die Zukunft der Mode

Menschen beeinflussen uns schon immer, unser ganzes Leben lang. Unabhängig davon, ob es Schauspieler*innen sind, deine Großmutter oder Freund*innen. Seit einigen Jahren gibt es dazu auch den passenden Job: Meinungsmacher*in oder auch Influencer*in genannt. Diese können in sozialen Netzwerken wie Instagram mitunter Millionen verdienen, indem sie uns umsonst Tipps für cooles Make-up, moderne Looks oder exotische Reiseziele geben. Die große Tragödie dahinter ist, dass wir seit Anbeginn der digitalen Medien nie selbst für den Content zahlen, den uns Filme, Magazine oder heute Influencer*innen zeigen, sondern immer ein Konzern in Form von Werbedeals dafür zahlt, sodass wir den Content relativ günstig, wenn nicht sogar ganz kostenlos, konsumieren können.

Wenn wir damals für Kleiderei selbst Partys organisiert haben, gehörte es auch immer dazu, passende Brands zu finden, die davon profitierten, uns zu unterstützen, sodass weder wir die gesamten Kosten für die Party trugen noch unsere Gäste Eintritt zahlen mussten. Wir bemühten uns immer darum, authentische Brands zu finden, die für die gleichen Ziele einstehen wie wir.

Damals war die gemeinsame Mission noch relativ leicht auszumachen, denn es kamen wirklich wenige Firmen infrage. Heute, wo sich fast jede Brand eine nachhaltige(re) Linie gönnt, von Recycling spricht, veganes Leder in den Kollektionen aufnimmt oder eine Jeanslinie mit Bio-Baumwollanteil bewirbt, ist es gar nicht mehr so leicht, den Durchblick zu behalten. Wir könnten das plakative grüne Engagement als Lügen bezeichnen, gnädigerweise nennt die Branche es aber »Greenwashing«, was soviel bedeutet, wie dass eine Marke bewusst den Anschein erweckt, nachhaltiger zu sein, als sie eigentlich ist.

Die Ausrede »Wir hatten keine Vorgaben, was wir schreiben sollten, ist zu naiv, um ernst gemeint sein zu können«, klärt Tansy E. Hoskins auf und beschreibt dabei auch gleich noch, dass sich große Verlage gut gehende Modeblogs in ihr Netzwerk einkaufen und sich so die Kontrolle über den Content sichern: »Ein weiterer öffentlicher Raum, den der Kapitalismus dem ihm eigenen Drang folgend privatisiert hat.«

Große Marken entwerfen immer größere Kampagnen, mit denen sie Authentizität, Nachhaltigkeit und soziale Unternehmenswerte im digitalen Raum verkaufen und dadurch auf den Wunsch der Bürger*innen nach bewusstem Konsum und neuen Werten reagieren.

Im Grunde wiederholen wir damit aber dasselbe System, nur in Grün. Es werden exakt dieselben Kaufanreize geschaffen, wenn Fair-Fashion-Blogger*innen jeden Tag einen neuen Look posten oder neue Kollektionen durch eine Armee von Mikro-Influencer*innen als Trends gesetzt werden. Was auf digitalem Wege rasend schnell als »In« proklamiert wird, ist umgekehrt auch genauso schnell wieder »Out«. Und so passiert es, dass wir auch in der nachhaltigen sozialen Bubble nicht mehr zur Ruhe kommen und ständig denken, wir bräuchten etwas Neues. Wir wären nur glücklich, wenn wir auch endlich ein Kleidungsstück in der Saison-Trend-farbe Flieder hätten. Mit nur einem Klick ist es bestellt und wird direkt nach Hause geliefert. Dabei steht völlig außer Frage, dass uns ein nachhaltiges Kleidungsstück auch nur eine Sekunde länger glücklich macht als ein konventionell produziertes. Somit fängt das ganze Spiel von vorne an.

Und so bleibt uns weiterhin nur, *jeden* Kaufimpuls der beim Tappen oder Swipen in uns aufsteigt, kritisch zu hinterfragen:

- ■ Brauche ich das Kleidungsstück wirklich?
- ■ Habe ich nicht etwas Ähnliches schon im Schrank hängen?
- ■ Würde ich es auch 30-mal tragen? (Kennst du die *#30wearschallenge?*)
- ■ Wurde es wirklich fair produziert?
- ■ Kann ich nicht etwas Sinnvolleres mit meinem Geld anstellen?

Das Konzept der Slow Fashion widerspricht schon in seinen Grundsätzen dem durch Begehrlichkeiten stimuliertem Konsum und dem Nacheifern von Stilvorbildern. Eine nachhaltige Gesellschaft müsste verhindern, dass sich Menschen im Konsum verlieren und Shopping zur Sucht wird, weil es direkt mit einem persönlichen Glücksgefühl verbunden ist. Noch immer ist Werbung die treibende Kraft unserer kapitalistischen Konsumgesellschaft. In der vorkapitalistischen Zeit war der Mensch darauf konditioniert, nur für das tagtägliche Überleben zu arbeiten. Heute wird hingegen nach dem Belohnungssystem konditioniert: »Mehr Konsum macht glücklicher. «

Bis heute ist es Aufgabe der Werbung, die durch die industrielle Revolution geschaffenen, höheren Löhne zurück in den Konsumkreislauf zu führen und somit für eine florierende Konjunktur zu sorgen. Zudem machte sie den Konsum – also den Verbrauch von Gütern – zu etwas sozial Erstrebenswertem. Nun verwandeln sich passive Konsument*innen aber zunehmend in aktive Prosument*innen, also produzierende Konsument*innen, die eigene Informationen, Nachrichten, Medien und in naher Zukunft auch Energie und vielleicht sogar eigene 3-D-Drucke herstellen. Der belgische Modedesigner Bruno Pieters sieht in dem Einsatz von 3-D-Drucken eine große Chance auf dem Weg in eine nachhaltigere Modeindustrie:»Was ich an 3-D-Drucken liebe, ist die Tatsache, dass man sie zu Hause oder bei einem 3-D-Hub ausdrucken kann. Das macht Spaß, ist demokratisch, ethisch und nachhaltig. Auch lange Transportwege können so vermieden werden und das ist großartig für die Umwelt.« Pieters stellte schon 2015, als erste High-Fashion-Marke überhaupt, eine eigene 3-D-Kollektion kostenlos zum Download bereit.»Irgendwann könnte 3D-Druck sogar zu so etwas wie Instagram oder Facebook werden. Alle wären in der Lage, ihre Designs online anzubieten, und wir könnten sie herunterladen und ausdrucken. In der Zukunft könnte jeder Designer sein.«[154] Pieters, der als erster Designer weltweit die gesamte Lieferkette und die dazugehörige Preiskalkulation seiner Marke Honest By zu jedem Kollektionsteil online offenlegte, machte uns damit die unendlichen Möglichkeiten der Demokratisierung und nachhaltigen Produktion von Mode durch das Internet bewusst.

Wenn nachhaltige Mode bis heute nur einen Bruchteil des Gesamtumsatzes der Bekleidungsindustrie ausmacht[155] und konventionelle Werbestrategien mit ihrer Kaufkonditionierung der bewussten Slow-Fashion-Konsumphilosophie widersprechen, könnte Prosumieren dann die Zukunft sein?

Prosument*innen erkennen, dass sich hinter der Scheinwelt des permanenten, personalisierten und hochästhetischen *Storytelling* keine philanthropischen Absichten, sondern wirtschaftliche Strategien verbergen. Sie entzaubern die digitale Vermarktungsspirale als das, was sie ist: ein permanentes Werbe- und Marketing-Dauerfeuer. Für Prosument*innen ist die Inszenierung eben *nicht* wichtiger als der Inhalt. Unternehmen, die den Bogen überspannen, verlieren diese Kund*innen genauso schnell wieder, wie sie sie gewonnen haben. Die konsumkritischen Prosument*innen sind schwer zu binden, weil sie beim Kauf eines Produktes überlegen, ob und wie sie es wieder verkaufen können oder ob sie es überhaupt kaufen müssen und stattdessen nicht anders nutzen könnten. Besitz ist einfach weniger wichtig (geworden) als Zugang, seit das Internet einen quelloffenen Austausch zur Produktwelt ermöglicht.[156]

Soweit die Utopie, an die ich auch gerne immer noch glauben möchte. Eine Welt, in der uns das Prinzip Open Source den Zugang zu Wissen, Netzwerken, Diskursen und Gemeinschaft eröffnet. Doch wie kommen wir da hin? Wie emanzipieren wir uns und werden zu Prosument*innen oder gar Bürger*innen im Internet?

Wie die Mode der Zukunft aussehen könnte, nämlich komplett digital, das zeigen die Girls von 3mbassy. Auf ihrem Instagram-Kanal @3mbassy_ findest du beeindruckende, digitale Modeentwürfe, die dem von Bruno Pieters erdachtem Konzept der digitalen Mode entsprechen, keinen Müll erzeugen und somit #zerowastefashion sind. Und wer weiß, wenn das Homeoffice sich immer stärker durchsetzt, brauchen wir Kleidung vielleicht wirklich nur noch rein digital. Das wäre dann ein bisschen wie am Anfang des Kultfilms *Clueless*, als die 90ies-Ikone Alicia Silverstone, alias Cher, ihr Outfit von einem modebegeisterten Computer, der regelmäßig »Mis-Match« tönte, zusammenstellen lässt.

Bis es soweit ist, können wir auf jeden Fall ein paar Menschen folgen, die immer wieder zeigen, dass nachhaltige Mode auch Haltung bedeuten kann. Lass dich inspirieren und wie gesagt, überlege, ob du die Looks wirklich nachkaufen musst oder vielleicht auch aus deinem eigenen Kleiderschrank nachstylen kannst. Oder leihen. Oder tauschen. Oder, oder, oder....

- Pola Fendel: @pola_light
- Marie Nasemann: @fairknallt (oder nimm ihr Buch mit in den Park: *Fairknallt: Mein grüner Kompromiss*)
- Julia Dalia: @julia.dalia
- Madeleine Darya Alizadeh: @dariadaria (ihr Buch heißt *Starkes weiches Herz*)
- Louisa Dellert: @louisadellert
- Rebecca Nmyr: @rebeccanmyr
- Christianna Quack: @vegan.stylist
- Anna Kessel & Esther Rühe: @dieKonsumentin
- Nike van Dinther & Sarah Gottschalk: @thisisjanewayne
- Bina Nöhr: @binanoehr
- Kim Gerlach: @kim.gerlach.sunandrise
- Lisa Trautmann: @lieselberlin
- Lisa Banholzer & Tanja Trutschnig: @blogger_bazaar
- Marie Jaster: @beige_feels

Das entscheidende Merkmal für die Liste war, dass ich mir sicher bin, dass all diese Menschen folgenden Satz unterschreiben würden:

Sobald es wieder möglich ist, schlüpfe ich in eine Jeans, einen lässigen aber weichen Pullover, ziehe eine Jacke darüber und setze mir einen Hut oder ein Basecap auf den Kopf. Unterm Arm eine Flasche Wein, besuche ich alte Freunde und verteile Free Hugs.

Du brauchst kein Profil, du brauchst Community

*Ich war nie interessiert an
den sozialen Medien /
Und / jetzt, wo ich mich in
diesem Leben eingerichtet
habe, bin ich / wirklich
inspiriert vom / Lesen und von
der Natur / Ich bin frei*

Anfang 2021 hat Pamela Anderson sich von Facebook, Instagram und Twitter verabschiedet. Ihren über eine Million Followern wünschte sie in ihrem letzten Post die Stärke und Inspiration, um ihrer Bestimmung zu folgen, anstatt sich zu verschwendeter Zeit verführen zu lassen.[157] Mit vorbildlicher Konsequenz hat Pamela damit auf eine Beobachtung reagiert, die immer mehr Menschen teilen: netzbedingte Schäden an Körper, Geist und Seele. Noch weit bevor Nicolas Carr zu Anfang der 2010er-Jahre in seinem Buch *Wer bin ich, wenn ich online bin* die Frage aufgriff, wie das Internet unser Denken verändert, prophezeite der amerikanische Medienwissenschaftler Neil Postman schon 1992 in seinem Essay *Wir informieren uns zu Tode*, dass die »Vermüllung« mit Informationen nicht nur die Orientierungslosigkeit der Menschen verstärkt, sondern im Informationszeitalter auch die Wahrheit in einem Meer von Belanglosigkeiten untergehen könnte.[158] Doch wer das Internet nur verteufelt, hat zu kurz gedacht. Denn es gibt viele Initiativen und Bewegungen, die ohne soziale Medien niemals so bekannt geworden und so weit gekommen wären. Zwar sind die Zeiten vorbei, als junge Start-ups wie Kleiderei oder seinerzeit auch Nasty Gal über das Internet kostenlos Aufmerksamkeit produzieren konnten, ohne viel Geld für eingespielte Werbeanzeigen bei Google oder Facebook auszugeben, aber trotzdem gibt es jede Menge philanthropische Projekte und Initiativen, die außerhalb sozialer Medien nur wenig Beachtung finden würden und erst via Instagram & Co. wichtige Unterstützer*innen erreichen.

Zu sehen ist das zum Beispiel bei der Kampagne #leavenoonebehind, die auf katastrophale Lebensbedingungen in dem Flüchtlingslager Moria in Griechenland aufmerksam macht, oder bei der starken Solidarisierung mit #blacklivesmatter. Und das betrifft nicht nur ohnehin politisch Aktive, sondern geht quer durch alle Instagram-Algorithmen, durch alle Gesellschaftsschichten, durch die ganze Welt. Der gewaltsame Tod von George Floyd hat eine Welle der Anteilnahme und weltweite Proteste ausgelöst, um nicht nur Polizeigewalt in Amerika anzuklagen, sondern strukturellen Rassismus überhaupt sichtbar zu machen. Der Ort zur Organisation und Verbreitung dieser Stimmen: die sozialen Netzwerke.

Richtig eingesetzt, bieten soziale Netzwerke wie Instagram unendliche Möglichkeiten zur Vernetzung und zum Austausch mit Aktivist*innen, Politik-Influencer*innen, veganen Köch*innen, Zero-Waste-Persönlichkeiten oder Fair-Fashionistas. Dazu hat Nike van Dinther auf thisisjanewayne.de eine großartige Liste veröffentlicht: Menschen und Profile auf Instagram, die uns mehr verstehen lassen.[159]

Das Entscheidende ist, dass wir darauf achten, unsere Aufmerksamkeit divers zu verteilen. Denn ein trauriger Nebeneffekt digitaler Kommunikation ist die wachsende Filterblase. Während Algorithmen uns konsequent neue Vorschläge unterbreiten, die auf Gleichem beruhen, sollten wir uns bemühen, genau das Gegenteil zu tun und die eigene Comfort Zone zu verlassen. Diese zunehmende Automatisierung und Verkapselung unserer Kommunikation ist eine große Gefahr für die Demokratie, da diese auf einen zwanglosen Zusammenhalt ihrer Bürger*innen und die geteilte Verantwortung für gemeinsame Ziele angewiesen ist, anstatt in getrennten und informationell voneinander abgeschotteten Welten zu leben.

Bitte nicht schubsen,
ich habe einen Joghurt
im Rucksack.

Hi, Politik!

Im Frühjahr 2018 saß ich im Zug auf der Rückfahrt von meinem Job in Magdeburg nach Hamburg. Das Bordbistro ist wohl der erste Co-Working-Space, den es jemals gab. An der Schnittstelle zwischen erster und zweiter Klasse beherbergt es die reisenden Clickworker dieser Republik. Ich liebe es, im Zug zu sitzen und zu arbeiten.

Ohne durchgehende Verbindung musste ich in Hannover immer umsteigen. In nur zwei Minuten rannte ich durch den Bahnhof, die Stufen hinauf zu Gleis 8, nur um als erste Frage, kaum einen Fuß in den ICE gesetzt, keuchend herauszubringen: »Geht's durch bis zum Bordbistro?« Die erleichternde Antwort: »Ja, vier Wagen sind's.«

Ich würde sogar so weit gehen, zu behaupten, dass das Bordbistro einen gar nicht mal so geringen Anteil an meiner Produktivität hat. Fakt ist, aus irgendeinem Grund stimulieren diese roten PVC-Lederbänke mein arbeitendes Gehirn. Meine Kreativität kommt ins Rollen, als würde ich statt von Magdeburg bis Hannover, nach Prag oder Paris fahren. Irgendwohin, wo es an Inspiration niemals mangelt.

Im Bordbistro ist der Tisch ähnlich groß wie mein Schreibtisch zu Hause, und ich nutzte die gesamte Fläche konsequent. Die Bank ebenfalls. Irgendwann setzte sich eine Frau mit einem sehr kleinen Jungen, der gerade mal laufen konnte, an den nächsten Tisch. Die Frau war müde, der Sohn aufgedreht. Sie ließ ihn häufiger alleine, ob zum Telefonieren oder um zur Toilette zu gehen. Ich schnitt Grimassen und versuchte, ihn über die Bänke hinweg abzulenken. So ein kleiner Junge ohne Aufsicht im Zug ist ein ungewohnter Anblick. Kurz bevor wir in Hannover ankamen, fragte die

Mutter den Schaffner, ob das Köln sei. Von Hannover nach Köln waren es mit diesem Zug noch fast drei Stunden. Ihre Müdigkeit und Orientierungslosigkeit rissen mich mit.

Beim Umstieg in Hannover war ich mit Margaux zum Telefonieren verabredet. Wir kannten uns bislang nur über Instagram, ich war zufällig über sie und ihren Account gestolpert und wollte gerne mehr über sie erfahren. Aus bloßer Überforderung erzählte ich ihr am Telefon direkt von meinen Gefühlen, diese Frau und den kleinen Jungen im Zug zurückzulassen, und sie erzählte mir, dass ein ähnliches Erlebnis sie dazu gebracht hatte, den Grünen beizutreten. Dieses Jahr (2021) kandidiert sie für den Bundestag.

Wie wir gerade Gesellschaft leben und wie Politik diese gestaltet, lässt viele Menschen außen vor. Frauen, die mit ihren Kindern schutzsuchend geflohen sind und jetzt mit wenig bis gar keiner Orientierung hier ankommen und versuchen müssen, sich ein neues Leben aufzubauen. Traumatisiert. Mir fällt es ja schon schwer, das richtige Gleis zu finden, wenn ich kurz vorher einen Brief vom Finanzamt bekommen habe. Aber auch sehr viele andere Menschen müssen nach wie vor um ihren Platz in unserer Gesellschaft kämpfen.

Wir kommen in diesem Buch öfter an diesen Punkt, an dem wir feststellen, dass die aktuelle Situation nur durch »Othering« möglich geworden ist. Der Begriff »Othering« beschreibt den Versuch, sich selbst und sein soziales Image hervorzuheben, indem Menschen mit anderen Merkmalen als andersartig und fremd klassifiziert werden.

Beim Thema Körper sind wir bereits darauf eingegangen, dass rassistische Grundstrukturen unser unrealistisches Körperideal mitgeprägt haben. Grundsätzlich geht es dabei um das Abgrenzen und Hervorheben einer bestimmten Gruppe, nämlich weißer Menschen.

Wir haben auch schon gelernt, dass viel Aufklärungsarbeit in den sozialen Medien stattfindet, aber grundlegende Änderungen in diesem System kann nur die Politik machen. Denn hier geht es um Glaubenssätze, die so tief in unserem Denken verwurzelt sind, dass wir sie am liebsten selbst leugnen würden.

In meiner Arbeit als Aktivistin für eine faire Modeindustrie habe ich auch oft Dinge gesagt wie: »Wir brauchen existenzsichernde Löhne.« Stattdessen sollten wir aber für alle Menschen nach Löhnen verlangen, die ihnen die Erfüllung ihrer Lebensträume ermöglichen. Denn das ist doch auch der Grund, warum wir zur Arbeit gehen. Es geht uns darum, das eigene Leben zu gestalten, Wünsche zu erfüllen, unseren Zielen näherzukommen. Es ist rassistisch anzunehmen, dass das etwas ist, was nur in unseren Köpfen, hier im privilegierten Norden der Weltkugel, existieren würde. Wir alle haben Träume, ganz egal wo wir geboren wurden. Die Frage ist nur, ob wir sie jedem Menschen zugestehen. Und seitdem mir das klar geworden ist, versuche ich auch anders zu sprechen, weg davon, dass es um »retten« geht – das ist nur kolonialistisch. Wir retten niemanden, indem wir für faire Löhne kämpfen. Stattdessen können wir uns solidarisieren, indem wir anerkennen, dass alle Menschen auf dieser Welt Träume haben, dass alle Menschen auf dieser Welt Angst haben und dass es sich dabei sehr oft um dieselben Themen handelt.

Unsere Politik könnte den Rahmen für eben diese Grundsätze gestalten. Dabei geht es um *alle* Formen von Identität. Ein gutes Beispiel ist die 2017 in der amtlichen Statistik eingeführte, dritte Geschlechtskategorie. Denn wenn die Schubladen politisch geöffnet werden und die gesellschaftlichen Kategorien, in denen wir denken, erweitert, dann prägt das unsere Wahrnehmungen von Diversität. Eine weitere Maßnahme wäre es, auch die sexuelle Identität mit in das Grundgesetz im Artikel 3, Abschnitt 3 aufzunehmen, der im Moment wie folgt lautet: »Niemand darf wegen seines Geschlechtes, seiner Abstammung, seiner Rasse, seiner Sprache, seiner Heimat und Herkunft, seines Glaubens, seiner religiösen oder politischen Anschauungen benachteiligt oder bevorzugt werden. Niemand darf wegen seiner Behinderung benachteiligt werden.«[160] Das ist ein Thema, das auch in den Parteiprogrammen zur diesjährigen Bundestagswahl auftaucht und bei dem wir mit unseren Stimmen indirekt mitentscheiden können und sollten.

Politik hat also die Macht, festzulegen, was als richtig und als falsch gilt. Eine wirklich nachhaltige Welt ist erst dann möglich, wenn alle Menschen in dieser Welt ihren Platz finden können, wenn wir niemanden unterdrücken, ganz gleich warum. Es ist verrückt zu glauben, dass nachhaltiger Wandel in einem unterdrückenden System reifen kann. Alles, was dich direkt betrifft, betrifft alle anderen indirekt. It's all connected!

Wir haben ja schon über die gewaltfreien, kleinen Protestaktionen gesprochen, die in der Masse Großes bewirken können. Du kannst auch etwas für die Gleichberechtigung tun.

Vielleicht ist dir schon aufgefallen, dass einige Menschen in ihren sozialen Profilen oder E-Mail-Signaturen Personalpronomen wie »sie/ihre« führen. Wenn wir alle anfangen, unsere bevorzugten Personalpronomen mitzuführen, dann wird es selbstverständlicher, dass Geschlechter eben nicht selbstverständlich sind, dass es kein binäres System gibt, nicht immer eindeutig Mann oder eindeutig Frau.

Bei dieser Protestaktion spielt auch keine Rolle, ob dir deine Personalpronomen als offensichtlich erscheinen, in dem Fall sprechen wir von Cis-Frau/Mann, was bedeutet, dass dein gelesenes Geschlecht, dein empfundenes Geschlecht und das Geschlecht in deiner Geburtsurkunde übereinstimmen. Denn gerade wenn du zu den Personen gehörst, für die es eindeutig ist, kann dies eine Chance sein, für andere einzustehen. Diese Aktion wirkt so entscheidend, weil sie etwas angeblich Offensichtliches hinterfragt. Denn Identitäten sind nicht offensichtlich und niemandem anzusehen. In einer friedlichen, massenhaften Aktion darauf hinzuweisen ist revolutionär. Und alles, was du dafür tun musst, ist jetzt kurz aufzustehen, zu deinem Computer zu gehen, dein E-Mail-Postfach zu öffnen, unter Einstellungen »Signatur« auszuwählen und die Personalpronomen hinzuzufügen, mit denen du gerne angesprochen werden möchtest. Done! So einfach kann Revolution sein.

Stell dir vor, alle Menschen wären gleichberechtigt. Nicht gleich – sondern gleichberechtigt. Du und alle Menschen auf dieser Welt, ob weiblich gelesen, ob männlich gelesen, ob als Trans*, Inter*, nicht-binäre* oder genderqueere* Person, unabhängig von der Herkunft, der Hautfarbe, dem Glauben. Stell dir eine Welt vor, in der wir akzeptieren, dass wir alle (Soja-)Joghurt in unserem (recycelten PET-)Rucksack tragen. Du hast deine Geschichte, und ich habe meine. Und jetzt schließ die Augen und stell dir vor, es wäre okay.

Wir hätten alle mehr Geduld miteinander. Du müsstest keine Angst mehr haben, mal etwas nicht zu schaffen. Denn es wäre okay. Wir alle wüssten, dass es uns auch passieren könnte. Wir hätten weniger Kleidungsstücke im Schrank, dafür aber auch keine moderne Sklaverei in den Produktionsbetrieben.

Wir bräuchten auch weniger neue Kleidungsstücke, weil wir beginnen würden, unsere Persönlichkeit stolz zu zeigen, statt mit vermeintlich coolen Klamotten von uns selbst abzulenken.

Das Leben wäre viel, viel, viel lustiger.

Du verlässt das Haus, du grüßt die Menschen, und sie grüßen zurück.

Ich, Du, Wir
Bürger_innen

Ich, du, wir Bürger*innen

Es passiert gar nicht selten, dass wir Bürger*innen als »Konsument*innen« bezeichnet werden. Wir werden auf diese Rolle reduziert. Als hätten wir nur Macht, Einfluss oder Wirksamkeit, wenn wir einkaufen gehen, immer dann, wenn wir im Supermarktregal zu den richtigen Produkten greifen. Dabei sind wir so viel mehr. Wir sind Bürger*innen. Wir alle! Und was sind unsere Aufgaben als Bürger*innen? Für uns zu sorgen und der Politik zu sagen, was wir wollen. Politik an sich mag vielleicht langweilig sein, aber für Dinge einzustehen, die uns wichtig sind, ist nicht langweilig. Im Gegenteil, es ist revolutionär.

Über die Utopie vom plastikfreien Bad und die geteilte Verantwortung von Politik und Bürger*innen haben wir schon gesprochen. Ein weiteres gutes Beispiel ist das Thema Energie. Wir alle sollten uns darum kümmern, dass unser Haushalt seinen Strom aus erneuerbaren Energien bezieht. Es gibt so viele Anbieter. Wenn du es nicht schon längst getan hast, ist das dein nächstes To-do. Rufe deine Hausverwaltung an, frage nach der Stromzählernummer und wechsle zu einem grünen Stromanbieter. Die Übergabe mit dem alten Versorger übernimmt in der Regel sogar der neue. Es ist also ein minimaler Aufwand mit maximalem Output, denn du stimmst damit aktiv für die Energiewende. Und je mehr von uns Bürger*innen dies tun, umso unmöglicher wird es für den Staat, den Betrieb von Kohlekraftwerken weiterhin zu rechtfertigen. Dank des unermüdlichen Einsatzes der Fridays for Future Bewegung wissen wir ja mittlerweile alle, dass diese weder gut für unser Klima noch für unsere Gesundheit sind.

The young understand this society.
Better than their elders think and better perhaps
even than their elders themselves.[161]
– Coretta Scott King, 1968

Es ist dein Recht und deine Pflicht als Bürger*in, die Verhältnisse zu hinterfragen, deine Stimme zu erheben und dich für gemeinsame Ziele mit anderen zu verbinden. Jede Kette ist nur so stark wie ihr schwächstes Glied. Dasselbe gilt für eine Gesellschaft.

Dinge, die wir uns jeden Tag sagen sollten: Du hast eine Meinung * Du bist nicht, was du besitzt * Gehe so oft du kannst ins Museum, Theater oder auf Konzerte, es ist der sinnvollste Konsum, den es gibt * Weniger ist mehr – außer wenn es um Engagement geht * Finde etwas, wofür du dich einsetzt – und das kann auch eine Nachbarschaftskooperative sein * Grüß deine Nachbarn * Es ist nicht deine Schuld, dass die Welt ist, wie sie ist, es ist nur deine Schuld, wenn sie so bleibt * Atmen hilft immer * Versuche nichts zu kaufen, was Mikroplastik enthält. Es tötet nicht nur Schildkrötenbabys * Nichts wird so heiß gegessen, wie es gekocht wird * Je schneller du auf eine E-Mail reagierst, desto schneller kommt eine Antwort zurück * Mach jeden Morgen dein Bett * Versuche einmal in der Woche auf den Wochenmarkt zu gehen * Kaufe regionales Gemüse, dessen Namen du nicht kennst, und suche dir dann ein Rezept dazu oder schiebe es einfach mit Öl und Salz in den Backofen * Lache so viel du kannst * Tanze, wenn es nicht zum Weinen reicht * Gehe wählen und nimm deine Eltern, Großeltern und alle, die du sonst noch kennst, mit *

Brüche in der Zeitschiene

Meine Eltern studierten in den 80ern beide an der Film-hochschule Babelsberg, und so war mein Leben gefüllt mit Drehbüchern, Filmen und Geschichten, die ich mir auch gerne selbst erzählt habe. Wenn ich aufräumen musste, stellte ich mir vor, ich sei Aschenputtel. Wenn mich eine Situation überforderte, war es die Exposition eines Films, und ich war mir sicher, diese würde sich schon bald in eine spannende Handlung auflösen.

Heute weiß ich, dass mein kindlicher Impuls gar nicht so verkehrt war. Und so sorge ich immer dafür, dass mir genug Zeit bleibt, eine Situation einzuordnen, festzustellen, dass wenn mich etwas überfordert, das nicht unbedingt der Anfang einer Handlung ist (wie die Exposition im Film), sondern schon eine Konsequenz aus vielen anderen Dingen sein kann. Es könnte also auch schon das Ende oder erst die Mitte der Geschichte sein. Oder etwas, was mich mein Leben lang begleitet. Immer wenn es also sehr laut um mich herum wird, und das meine ich im übertragenen Sinne, versuche ich einzuordnen, was genau diese Situation mit mir macht. Es ist wirklich ein bisschen so, wie wenn wir Szenen in einem Film, ob im Kino oder zu Hause auf dem Sofa, im Millisekundentakt einordnen, abgleichen und überlegen, was als Nächstes passiert. Gelingt mir das nicht rechtzeitig, wird aus laut lauter, und ich bin mir sicher, dass alles, was jetzt noch hilft, Zigaretten und Wein sind.

Die Welt um uns herum ist laut. Es passiert so viel, dass es oft als das einzig Logische erscheint mitzurennen. Es ist wie mit dieser Milchkanne. Wenn mensch sie schnell genug um den eigenen Körper dreht, dann verschüttet sie keine Milch.

Wird die Drehung aber langsamer, beginnt sie erst zu tropfen, bis sich die Milch dann über uns ergießt.

Auf die Frage, was an Fehlern so interessant sei, antwortet Christoph Schlingensief seiner Interviewpartnerin Sibylle Berg im *ZEIT Magazin* 1996:»Ein Fehler hat auch mit der Zeitschiene zu tun. Etwas Ungewöhnliches passiert. Für das man sich vielleicht schämen kann. Den Kopf schütteln. Eine Unterbrechung... [...]«»...der Zeitschiene«, beendet Berg den Satz für ihn.

Da liegt die Gefahr. Wir unterbrechen unsere Zeitschienen nicht. Fehler dürfen nicht passieren, werden übergangen oder ignoriert – Hauptsache es läuft weiter, immer weiter. Hauptsache, die Milch bleibt in der Kanne.

Mit Kleiderei sind wir nach zwei Jahren online gegangen, obwohl wir streng genommen noch nicht so weit waren. Ich würde nicht mal sagen, dass das falsch war, denn wir haben wirklich eine Revolution in Gang gesetzt und die Modeindustrie konsequent hinterfragt. Das war richtig, wichtig und mehr als an der Zeit. Aber die nächsten vier Jahre lief es immer so weiter. Wir ruderten an vielen Ecken und Enden, weil uns einfach die Zeit fehlte, mal richtig auf unsere Situation zu schauen, auf unser Business.

Welcher Film läuft hier eigentlich? Was passt zusammen, was macht keinen Sinn? Wir haben im Akkordtempo Looks zusammengestellt, Pakete losgeschickt, Kund*innen glücklich gemacht und Interviews gegeben. Oft waren wir abends so k.o., dass uns wirklich nur Wein und Zigaretten halfen. Und am nächsten Tag ging es dann genauso weiter, immer weiter. Bis wir Anfang 2018 die Notbremse zogen und entschieden, so geht es eben *nicht* weiter für uns. Und wie Schlingensief es beschreibt: Auf einmal bleibt die Zeit stehen, und etwas Ungewöhnliches passiert. Es machte sich eine unfassbare Erleichterung breit. Wir haben den Fuß vom Gas genommen, unseren Arm gesenkt und nicht mehr mitgeboten, wir haben einfach einmal »Nein« gesagt. Dazu lief der Song »Circles« von Apparat.

Wir wollten eigentlich nur eine Pause machen, ein paar Wochen durchatmen, draufschauen, uns neu aufstellen. Aber in dieser Pause ging uns, entgegen unserer Kalkulation, das Geld aus. Wir mussten Insolvenz anmelden. Die Pause hatte immerhin den Vorteil, dass wir eine ganze Menge bereits abgewickelt hatten. Es führt mitunter zu einem kurzen High-Moment, wenn du rechtzeitig die GEZ gekündigt hast.

In dem Wissen, an vieles gedacht und vor allem in Excel-Tabellen festgehalten zu haben, betrat ich die Kanzlei des uns gestellten Insolvenzverwalters. Selten war Warten schlimmer. Die Sonne knallte auf meine schwarzen Loafer, das Paar Schuhe, das mich seit Tagen auf dem Boden hielt. Fester Stand. Unter meinen Sohlen blaue Auslegware. Blau wie das Meer, wenn die Sonne so strahlt wie jetzt. An den Wänden hingen große Bilder vom Hamburger Hafen. Draußen unter dem Fenster, das Treiben vom Gänsemarkt. Die Monatsmiete hier kostet vermutlich mehr als unser gesamter Insolvenzbetrag. Neben mir eine große Tasche, darin viele schwere Ordner.

Nach einer gefühlten Ewigkeit wurde ich endlich ins Büro gerufen. Sowohl der Insolvenzverwalter als auch seine Mitarbeiterin waren sehr nett. Ich trank zu viel Kaffee und erzählte aufgeregt von allem, was Pola und mir in den letzten Jahren passiert war. In den knapp zwei Stunden haben wir irgendwie auch recht viel gelacht, und in mir wurde es von

Minute zu Minute immer leichter. Zu guter Letzt übergab ich die vielen Ordner unserer Unternehmensgeschichte.

Ich trat hinaus auf den Gänsemarkt, für April war es schon unglaublich warm draußen, fast sommerlich, ich blinzelte und hatte das erste Mal seit Ewigkeiten das Gefühl, dass sich jetzt jemand anderes kümmern würde, dass es nicht mehr in meiner Hand lag, dass ich erstmal nichts falsch machen konnte. In meinem Kopf zoomte die Kamera raus, immer weiter weg von mir, ich wurde immer kleiner und verschwand auf dem Gänsemarkt, bis der Gänsemarkt in Hamburg verschwand und Hamburg im Himmel.

Das Bild wurde dunkel, und die Musik setzte ein.

Es gibt kein richtiges Leben im falschen

Kleiderei gibt es heute immer noch als Store in Köln und Freiburg, geführt von Lena Schröder, die unsere Kleiderei-Assets aus der Insolvenzmasse kaufte und eine so viel bessere Geschäftsführerin ist, als ich es je war.

Für mich persönlich, und das merke ich in meiner Arbeit als Beraterin sehr, ist es nicht die Rolle, in der ich aufgehe. Ich bin eine viel bessere Sparringspartnerin als Chefin. Mein Talent liegt eher darin, zu sehen und zu spüren, wie es anderen Menschen geht, was sie denken, fühlen, wo sie hinwollen. Als Chefin fiel es mir schwer, mich bei jeder Entscheidung *nicht* zu fragen, wie sich Laura, Mona, Julia, Heide oder Annabell dabei nun eigentlich fühlten. Das hat aber nicht dazu geführt, dass ich alles richtiggemacht habe, im Gegenteil. Oft hat es mich gelähmt, Entscheidungen zu treffen, oder es entstand ein Eiertanz in meinem Kopf oder Körper, weil mir klar war, wie die Reaktionen der anderen ausfallen würden.

Diese Diskrepanz wurde mir erst gegen Ende unserer Zeit mit Kleiderei klar, vielleicht sogar erst nach dem Entschluss, die Pause zu machen. Auf jeden Fall hatte meine Freundin Moni gerade eine Weiterbildung im Bereich Personalführung gemacht und kam bei mir vorbei, um einen Predictive Index (PI)-Test zu machen. Der PI-Test ist ein bewährtes Tool, um festzustellen, ob jemand auf einer Stelle beruflich richtig besetzt ist. Es geht grob gesagt um extrovertierte und introvertierte Anteile in einer Person und die Diskrepanz zwischen Eigen- und Fremderwartungen. Der gesamte Test wird selbst eingeschätzt, indem du Worte einkringelst, die beschreiben, wie du dich selber siehst, und Worte, von denen du denkst, wie die anderen dich sehen wollen. So lässt sich feststellen, ob du deine Stärken auf einer anderen Stelle besser ausleben könntest. Monis Fazit meines PI-Tests war jedenfalls: »Also dafür, dass du selbstständig bist, bist du sehr weit entfernt von dir. Hart gesagt würde ich dich auf dieser Stelle nicht nochmal besetzen.«

Ich nahm es irgendwie mit Humor und habe gelacht, aber es war auch ein Schock. Wenige Tage später saß ich dann in Hamburg auf der Sternschanze vorm Portugiesen, mit einem Freund, der die Designabteilung einer großen Firma leitete. Ich erzählte ihm von diesem, wie ich fand, Problem und davon, dass ich mich manchmal wie ein Stimmungsring fühle, diese Dinger, die in den 90ern auf Ausgaben der *BRAVO! Girl* als Extra klebten: Wenn die Stimmung im Raum mies ist, nehme ich das sofort auf und ändere meine Farbe. Ebenso, wenn die Stimmung wieder steigt. Er witzelte, dass das ja eigentlich sehr praktisch wäre, wenn einige seiner Vorgesetzten solch einen Stimmungsring zur Hilfe hätten, der fühlt, was Sache ist. Von einem Moment auf den anderen wandelte sich etwas, das ich lange als Schwäche empfunden hatte, in eine Stärke. Ich war einfach nur am falschen Platz. Seitdem arbeite ich Seite an Seite mit Menschen, die großartige Ideen haben, denen aber vielleicht das Gefühl für den Moment, die Situation oder auch gewisse Zielgruppen fehlt.

Ich habe, wie im Kapitel »ikigai« beschrieben, jeden Tag so gut gemacht, wie ich konnte. Bis heute bereue ich deshalb auch wirklich nichts – aber die Erkenntnis, dass es manchmal gar nicht der *Sinn*, sondern die *Art* deiner Arbeit ist, die nicht zu dir passt, ist etwas, das ich hier gerne nochmal anbringen möchte. Denn mittlerweile bin ich mir sicher, dass es eigentlich keine Schwächen gibt. Es gibt nur Eigenschaften, die an der falschen Stelle zum Einsatz kommen und darum ihr positives Potenzial nicht entfalten können. Ich glaube auch, dass daraus viel Unglück und Selbstzweifel entstehen. Und überall da, wo Selbstzweifel wohnen, gibt es auch wenig Energie, um für sich selbst zu sorgen oder mit der (Um-)welt in wohltuenden Kontakt zu treten.

Für ein nachhaltiges Leben ist es essenziell, sich einerseits im *ikigai* den einzelnen Tätigkeiten hinzugeben, aber auch genau zu fühlen, was die eigenen Talente sind und wo diese besonders gut eingesetzt werden können. Zum Beispiel frage ich mich heute häufig: Warum müssen Gründer*innen immer ihre eigenen Ideen vor Investor*innen selbst pitchen? Warum gibt es wenige Investor*innen, die auch in introvertierten Persönlichkeiten eine Stärke erkennen?

Ich plädiere dafür, folgende Glaubenssätze umzuschreiben:

- Wer am meisten redet, hat am meisten Ahnung. (Stimmt eh nicht, wissen wir ja eigentlich auch.)
- Wer still ist, hat keine Ahnung. (s.o.)
- Wer länger für eine Antwort braucht, weiß sie nicht. (s.o.)
- Jemand hält sich zurück, also ist m/w/d arrogant. (Warum????)
- Extrovertierte haben einen starken Willen.
- Introvertierte wissen nicht, was sie wollen.
- Introvertierte sind sehr bei sich.
- Extrovertierte fühlen sich eigentlich nicht.
- Menschen lassen sich in genau zwei Gruppen unterscheiden: Introvertierte und Extrovertierte. (*Doch wenn sie nicht das eine oder das andere sind: Wer oder was sind sie dann?*)

*MassenTierhaltungsVermeider_innen

MTV*
Legendary Eating

Deine erste MTV-Dinnerparty

Mit steigendem Bewusstsein für Nachhaltigkeit schreiben immer mehr Modeunternehmen seitenlange Berichte zur sogenannten Corporate Social Responsibility (CSR), in denen oft der Satz zu finden ist:»Wir benutzen nur Leder, das als Abfallprodukt in der Fleischindustrie anfällt.« Klingt super, oder?

Das Problem ist nur, dass Leder eben keine Begleiterscheinung der Fleischindustrie ist, sondern das wirtschaftlich wichtigste Nebenprodukt der Massentierhaltung und diese daher wesentlich mitfinanziert, klärt die Tierschutzorganisation PETA auf ihrer Website auf.[162] Zudem werden für das Gerben von Leder giftige Stoffe eingesetzt: Die Häute werden in Fässern mit Wasser, Chromsalzen und Gerbstoffen übergossen, um sie stabiler und gleichzeitig geschmeidiger zu machen und um farbechtes Leder zu erhalten.

Der Higg-Index zeigt an, wie nachhaltig oder umweltschädlich die Herstellung eines Produkts ist. Dabei weisen so gut wie alle Lederarten einen Indexwert von 159 auf – im Vergleich dazu liegt Polyester bei 44 oder Baumwolle bei 98.[163] »Gucci produziert vor allem Lederwaren, weswegen man durchaus sagen kann, dass die Gucci-Produkte die Umwelt in hohem Maße belasten. Bei der Viehwirtschaft fallen hohe Ausstöße an CO_2 und Methan an [...]. Ein Kilo Methan wirkt 25-mal stärker als ein Kilo CO_2«, schreibt Tansy E. Hoskins.

Ich habe hier ganz bewusst den Einstieg über das Leder gewählt, das wir fast alle als Qualitätsprodukt ansehen, statt über das schon so häufig angeprangerte Rindersteak. Die Problematik ist bei beiden Produkten aber dieselbe.

Ein Schuh ist ein guter Schuh, wenn er aus echtem Leder besteht. Nachhaltiges Leder ist eben das Leder, das als Abfallprodukt der Fleischindustrie anfällt, wird uns suggeriert. Eigentlich wäre das Leder im Müll gelandet, aber dankbarerweise durfte es dann doch noch eine Tasche werden und für einige Wochen in unserer Armbeuge baumeln, bis dann ein neues, vor dem Müll gerettetes Lederprodukt hip ist und die alte Ledertasche letztlich doch zu Müll wird. Ist bei Ödipus ja auch so.

Nein, Scherz beiseite. Es ist eine Lüge. Hier finden Mischkalkulationen statt, die es uns ermöglichen, sexy neue Lederschuhe zu kaufen und damit beim Franzosen um die Ecke ein feines Steak essen zu gehen. Laut Definition bedeutet Nachhaltigkeit ja, etwas unendlich oft wiederholen zu können. Strenggenommen trifft das für Leder zu, denn wir essen so viel Fleisch, dass auch immer genug Haut für Leder anfallen wird. Aber die Rinder aus Massentierhaltung erzeugen fast so viele Treibhausgase, wie laut UN-Klimakonvention sonst nur die USA und China. So schreibt es Jonathan Safran Foer in seinem Bestseller *Wir sind das Klima!* und ergänzt: »Laut der Welternährungsorganisation FAO ist Nutzvieh ein Hauptverursacher des Klimawandels, verantwortlich für circa 7.516 Millionen Tonnen des CO_2 Äquivalents pro Jahr (14,5% der weltweiten Emissionen jährlich).«

Tragischerweise liegt das nicht an den Rindern, sondern an der Haltungsform und den Konsequenzen der Massentierhaltung. Sowohl für die Haltung der Rinder als auch für den Anbau von Soja als Futtermittel werden riesige Regenwaldflächen gerodet. Nutztierhaltung ist somit verantwortlich für den Großteil der Rodungen im Amazonas. Diese Wälder brauchen wir aber, um unser ausgestoßenes CO_2 zu absorbieren. Je weniger Wald und je mehr Rinder, desto mehr CO_2 verbleibt in der Atmosphäre. Das Gleiche gilt, wie wir bereits festgestellt haben, auch für Produkte wie Palmöl. In der Massentierhaltung erklären wir Tiere zu Nutztieren. Diese Umwidmung ist eine menschliche Erfindung. Somit ist jedes von einem Nutztier ausgeatmete CO_2-Molekül unnatürlich. Ohne Massentierhaltung würden Rinder auf landwirtschaftlich kaum nutzbaren Flächen weiden, Gras statt Soja essen und damit dem Klima wenig zutun.

Wir können einiges fürs Klima tun, wenn wir aufhören, Tiere und tierische Produkte aus Massentierhaltung zu essen oder zu Taschen zu verarbeiten. Auf dem regionalen Wochenmarkt gibt es ja auch Wild aus heimischen Wäldern, das mit der Diskussion rund um die Massentierhaltung natürlich wenig zu tun hat.

Für mich selbst hat es ehrlich gesagt lange gedauert, den Wandel zu vollziehen, und ich würde mich auch heute nicht als strikte Veganerin bezeichnen, aber als konsequente MassenTierhaltungsVermeiderin. Wir nennen es liebevoll MTVs. Denn das können wir alle schaffen.

Und so handelt dieses Kapitel von Umami, Ramen-Nudeln, Pizza und dem *Ende* der Massentierhaltung.

Wir hatten ja eingangs schon die Ramen-Nudeln, die glücklich machen. Darum machen wir jetzt MTV-Ramen für deine nächste Dinnerparty.

Für vier Personen:

500g Bio-Pilze (Shiitake,
Champignons oder Kräuterseitlinge)
25g Bio-Koriander
3 Bio-Möhren
25g Bio-Ingwer
5 Bio-Frühlingszwiebeln
25 TL Sesam
100g Ramen-/Glas-/Reis-Nudeln deiner Wahl
(wir haben ja schon gelernt, da gibt es
verschiedene Vorstellungen)
25g Tahin (Sesampaste)
3 EL Sesamöl
3 TL Sambal Oelek
1 Glas Mais
5 Zehen Knoblauch
8 EL Sojasoße
1,5 L Gemüsebrühe
Nori-Blätter (Algen werden unser
neues Grundnahrungsmittel)

Knoblauch und Ingwer schälen und reiben und in der
Pfanne mit Sesamöl erhitzen.
Gemüsebrühe dazugeben.
Möhren in kleine Stifte und Pilze in dünne Scheiben
schneiden und in die Brühe geben.
Mais zugeben.
Sojasoße und Sambal Oelek dazugeben.
Kochen lassen.

Tahin unterrühren.

Nudeln kochen.

Alles in eine Schüssel geben.

Mit Lauchzwiebeln, Koriander und Nori-Blättern servieren.

Die Brühe heiß in den Bauch fließen lassen.

Umami

Das beglückende Gefühl, das die aufgeweichten Nori-Blätter, die Pilze, die Sojasoße oder die heiße Brühe uns geben, heißt Umami.

Für uns ist Umami die Zutat für ein Leben als Massen Tierhaltungs Vermeider*in – MTV können wir alle schaffen und damit einen immensen Beitrag für den Tierschutz und das Klima leisten. Umami ist der fünfte Geschmack, nach salzig, süß, sauer und bitter und damit der Schlüssel zur knochenwärmenden Freude an Soße aus guter Brühe. Entscheidend ist es, dass etwas für lange Zeit langsam gekocht wird, denn Umami kommt aus den Aminosäuren, die dadurch freigesetzt werden. Auch die Gärung befreit Umami wie bei der Sojasoße. In der Welt der Pflanzen sind Pilze, ebenso wie Zuckermais und Kirschtomaten, reich an diesem guten, natürlichen Glutamat. Umami wurde auf verschiedene Weise aus dem Japanischen übersetzt als lecker, köstlich oder angenehm herzhaft und 1908 durch den Chemiker Kikunae Ikeda von der Universität Tokio geprägt. Er hatte diesen besonderen Geschmack bei Spargel, Tomaten, Käse und Fleisch bemerkt, aber am stärksten bei Dashi – dieser reichen Brühe aus Kombu (Seetang), die in der japanischen Küche häufig als Geschmacksbasis verwendet wird. Also suchte er nach Kombu und identifizierte schließlich Glutamat, eine Aminosäure, als Quelle für wohlschmeckende Wunder. Anschließend erforschte er die industrielle Massenproduktion von Glutamat und patentierte den berüchtigten Geschmacksverstärker *MSG*, auch bekannt als *Maggi*.[164] MTVs bestehen selbstredend auf natürliches Glutamat, also kein 90ies Maggi Revival – lieber Sojasoße, die ja auch nichts anderes ist als fermentierte Sojabohnen. Dass Fermentation glücklich macht, beweist schon seit vielen Jahren das preisgekrönte Restaurant »Noma« in Kopenhagen. Passend zu Ramen könnt ihr auch fröhlich mit Kimchi, also fermentiertem Chinakohl, experimentieren. Ein weiteres Highlight ist der Algenkaviar, das vielleicht sinnvollste Produkt der Molekularküche. Es kostet fast nichts, gibts mittlerweile in vielen Supermärkten und ist ein super Lieferant für Iod.

Und weil wir Pizza so lieben, hier natürlich noch das Rezept einer Umami-Pizza für MTVs:

Pizza-Boden,
Tomatensoße (die Tomaten in der Soße
zaubern die Umami-Base),
Mais, grüner Spargel, Pilze (alles 1A Umami)
mit reichlich gutem Käse berieseln
(am besten vom Demeter-Hof oder vegan)
zum Finale ein paar Tropfen Sojasoße drauf.
Umami

Status quo:
der ökologische Fußabdruck

Seit vielen Jahren schon gibt es online verschiedenste Möglichkeiten zur Berechnung des ökologischen Fußabdrucks, zum Beispiel beim Umweltbundesamt.[165] Der Fußabdruck ist ein Symbol für unseren Verbrauch natürlicher Ressourcen. Es werden verschiedene Lebensbereiche abgefragt: Wohnungsgröße, Einkommen, Flugreisen, Mobilität oder Ernährung. Das sind die fünf großen Themen, mit denen wir einen Unterschied machen können. Eine Ernährung, die weitestgehend auf Produkte aus Massentierhaltung verzichtet, erzeugt einen geringeren Fußabdruck, genauso wie eine kleinere Wohnung, weil du sie weniger heizen musst. Autofahren ist nicht gut fürs Klima, das weißt du schon seit du klein warst. Optimal wäre, laut Umweltbundesamt, von durchschnittlich über 11 Tonnen CO_2 in Deutschland auf unter 1 Tonne CO_2 pro Person und Jahr zu kommen. [166]

Aber selbst, wenn du dich vegan ernährst, in einem Niedrigenergiehaus zu zweit auf 60 Quadratmetern wohnst, Strom und Wärme aus erneuerbaren Energien beziehst, auf Flugreisen verzichtest, kein Auto fährst und sehr wenig Geld für Konsum ausgibst, bleiben immer noch vier Tonnen CO_2. Das ist immer noch viermal zu viel und entmutigend. Trotzdem boomt seit einigen Jahren in der Nachhaltigkeitsdiskussion ein neues Thema: der persönliche Konsum – unsere ganz individuellen Entscheidungen, die wir jeden Tag im Supermarkt treffen. In unserem Rechenbeispiel lag das Haushaltseinkommen allerdings schon bei netto 2.500 Euro, was bei zwei Personen nicht mehr viel Raum für große Konsumentscheidungen lässt und somit auch nicht für die vier

Tonnen CO_2 verantwortlich sein kann. Unsere Konsumentscheidungen sind es eben nicht. Es ist die gesamte Infrastruktur unserer Gesellschaft. Und darum sollten wir uns angewöhnen, auf die Produktion zu sehen, statt auf meinen, deinen oder unseren Konsum. Denn die Konsument*innen und ihre Konsumentscheidungen sind nicht unsere Gegner. Wenn wir uns gegenseitig kritisieren, lenken wir von strukturellen Ursachen ab. Wir können die wirklichen Verursacher adressieren.

Fridays for Future Aktivistin Luisa Neubauer hat diesem Problem eine ganze Folge ihres Klima-Podcasts *1,5 Grad* gewidmet. Darin erzählt sie von zunehmenden Anfeindungen, nachdem sie begann, in der Öffentlichkeit als Klima-Aktivistin aufzutreten. Auch wurde ihr Instagram-Profil nach vermeintlichen »Klimasünden« durchsucht. »Es geht also wirklich nicht darum, ob jemand auf einer Demo, bei der es darum geht, politischen Druck auszuüben, aus einer Plastikflasche trinkt, oder nicht. Proportion, Leute!«, sagt Luisa. Sie berichtet auch, dass die ersten Erfahrungen, die sie mit der Öffentlichkeit gemacht hat, Anfeindungen, Drohungen und vor allem dieser extreme Konsum-Hate gewesen sind. Doch obwohl ihr klar war, dass sie nicht von ihrem politischen Engagement ablassen würde, nur weil sie schon einmal in einem Flugzeug gesessen hat, war es trotzdem schwer auszuhalten. Im Nachhinein, so erzählt Luisa, ist sie froh, dass sie sich nicht hat einschüchtern lassen. Aber ihr ist völlig klar, dass sehr viele Menschen sich davon verunsichert fühlen und dann lieber erstmal gar nichts tun.

Dem aktuellen Armutsbericht des Paritätischen Wohlfahrtsverbands nach hat die Armutsquote in Deutschland im Jahr 2020 den höchsten Wert seit der Wiedervereinigung erreicht.[167] Jede sechste Person gilt als armutsgefährdet. Das sind 13 Millionen Menschen (16 Prozent der Bevölkerung). Abhängig vom Haushaltstyp liegt die Armutsschwelle für Singles zum Beispiel bei netto 1.074 Euro monatlich oder für Paare mit einem kleinen Kind bei 1.933 Euro.

Der Mangel an Geld wird häufig als Ursache für das Unvermögen einer Gesellschaft benannt, zu einem ökologisch einwandfreien Lebensstil zu wechseln, weil es schlichtweg zu teuer wäre und sich nicht alle Bürger*innen Bio-Produkte leisten können. Aber wie kann es sein, dass wir in einer Welt leben, in der sich nicht jeder Mensch das leisten kann, was wir für ein gesundes Leben und einen gesunden Planeten bräuchten?

Immer wenn ich dieses Argument höre, werde ich wütend. Grundsätzlich bedeutet es doch, dass Konzerne weiterhin das Recht haben, schlechte, umweltschädliche, ausbeuterische Produkte zu verkaufen, weil sonst die Menschen, die ausgebeutet werden oder keine Chance auf ein faires Leben auch hier bei uns im globalen Norden haben, sich kein Essen, keine Mode, keine schönen Dinge leisten könnten. Das ist perfide. Wir beuten Menschen mit dem Argument aus, dass wir damit anderen Menschen, die wir ebenfalls ausbeuten, Lebenschancen eröffnen. What?

Es gibt nur eine Möglichkeit, wie wir Konsum als Hebel für eine bessere Welt nutzen können, und dafür müsste die umweltfreundlichste Variante, die jeweils am einfachsten zu beschaffendste und günstigste Variante sein. Es kann nicht sein, dass die klimafreundliche Alternative in der Regel teurer ist, schwerer erhältlich oder wie im Fall Flugzeug versus Bahn nicht nur teurer ist, sondern auch noch länger dauert.

Stell dir eine Welt vor, in der du mit der Bahn kostenlos und im Minutentakt überall hinfahren könntest, du in den Supermarkt gehst und dort nicht vor dem Gemüseregal erstarrst, um entscheiden zu müssen, ob nun die Gurke in Plastik verpackt, dafür aber »Bio« oder die Gurke ohne Plastik, dafür aber nicht »Bio« die bessere Wahl ist. Eine Welt, in der du mit deinem Korb durch den Supermarkt gehst und dir sicher sein könntest, dass alle Produkte umweltfreundlich und zu fairen Bedingungen hergestellt wurden, Verpackungen kein Problem wären, weil die Produzenten der Produkte dafür verantwortlich sind, dass alles recyclebar ist und obendrein auch noch alle Produkte für dich bezahlbar sind.

Wie klingt das? Nach Science-Fiction oder greifbarer Gegenwart?

Im Vergleich mit *Zurück in die Zukunft* ist unsere Realität davon leider noch ebenso weit entfernt wie von fliegenden Hoverboards.

Zukunft: der soziale Handabdruck

Im Gegensatz zum CO_2-Fußabdruck, der uns eigentlich nur sagt, was wir noch alles falsch machen, geht es bei dem sozialen Handabdruck um ein Ermächtigungsinstrument zur nachhaltigen Entwicklung. Statt den Blick auf Defizite zu richten, zählen nun die positiven Dinge, die wir beitragen können. Der innovative und ganzheitliche Ansatz des sozialen Handabdrucks soll positive ökologische und soziale Nachhaltigkeitswirkungen von Produkten und Handlungen bewertbar, messbar und kommunizierbar machen sowie in ihrer sozialen Dimension abbilden. Während der weitverbreitete Fußabdruck also eher die negative Belastung darstellt, symbolisiert der Handabdruck den positiven, gestalterischen Umgang auf dem Weg hin zu einer nachhaltigen Gesellschaft. Und das Schöne daran ist, du kannst ihn auch für dich persönlich nutzen.

Erinnerst du dich an Jenga? Du weißt schon, dieses Spiel aus unserer Kindheit, wo Stein für Stein herausgezogen wird, bis der Turm umfällt. Wenn der letzte Stein deiner war, hattest du verloren.

Aber was, wenn wir es andersherum denken? Jede unserer Handlungen ist ein Jenga-Stein: Petitionen, die wir unterschreiben, Wahlen, an denen wir uns beteiligen, Gespräche, die wir mit Nachbarn führen, Fragen, die wir stellen. Und unser profitorientiertes System, das Geld über Menschen stellt, ist der Jenga-Turm. Mit jedem Stein, den wir herausziehen, bröckelt die Substanz des Turms. Und wenn wir genug Steine mit unserer Kraft als Bürger*innen herausgezogen haben, dann fällt der ganze Turm zusammen. Das System bricht ein.

Unser größter Hebel ist die Weigerung, Produkte zu kaufen, die auf der Basis von Ausbeutung produziert wurden. Die Politik muss verbindliche Regeln schaffen, die den Import und Export solcher Produkte illegal machen. Warum ist etwas Derartiges überhaupt legal? Denn nur wer genug Geld hat, um seinen Lebensunterhalt zu sichern, kann langfristig seine politische Stimme erheben. Das gilt sowohl für den globalen Süden als auch sonst überall auf der Welt. Nur so können auf der ganzen Welt bessere Lebensbedingungen entstehen.

Wir können für faire Löhne auf die Straße gehen, für bezahlbaren Wohnraum demonstrieren oder uns Aktionen ausdenken, wie zum Beispiel Tischtennisbälle mit »Social Justice« zu bekritzeln und in der Stadt zu verteilen. Wir sind Bürger*innen einer Welt, die wir mitgestalten können.

The ultimate hidden truth of the world is
that it is something we make,
and could just easily make differently.
– David Graeber[168]

Wir alle können MTVs werden.
Wir alle können Mikroplastik vermeiden.
Wir alle können unseren Platz in der Gesellschaft finden.
Wir alle haben Stärken, die wir nutzen können.
Wir alle können in Verbindung gehen.
Du kannst dich fragen:

- ■ Welches Thema bewegt mich?
- ■ Wo will ich ansetzen?
- ■ Wie viele Menschen möchte ich mitnehmen?

Verbindung oder auch Relationships Between Love and Death

Dass wir in einer Welt leben, in der die Produkte, mit denen wir uns schmücken, dieselben Produkte sind, deren Produktion unsere Erde zerstören, lässt sich eigentlich nur mit der Entfremdung zwischen Mensch und Natur erklären. »Im Kapitalismus identifizieren wir uns mehr mit den Waren als mit unserer Umwelt. Wir fühlen uns nicht länger als Teil der Natur, sondern wir erobern sie mit dem Ziel, Profite zu machen«, erläutert Tansy E. Hoskins das Ausmaß der Entfremdung.

Da wir uns natürlich nicht wirklich mit den Dingen, die wir kaufen, verbinden können, führt dies zu einer weiteren Trennung und dem Glauben, dass die coole, neue Handtasche mein Leben verbessert. Dass es mit der neuen Handtasche dann leichter ist in der Liebe, im Beruf und im Leben. Diese wahnsinnige Überhöhung eines Produkts ist ja nur möglich, weil wir die Tasche weder fühlen noch als das sehen, was sie ist, nämlich eine Handtasche, sondern als ein Versprechen, die Erfüllung unserer Sehnsucht, Partner-in-Crime auf dem Weg zum Glück.

Stellt sich das gewünschte Gefühl dann nicht ein, drückt die psychische Obsoleszenz auf die Stimmung, und die eben noch unverzichtbare, heißbegehrte Tasche wird aussortiert. Ciao Partner-in-Crime, du hast es leider nicht geschafft. Der gleiche Effekt entsteht auch, wenn wir etwas kaufen, weil es gerade »supercool« ist. Carl Tillessen schreibt dazu in *Konsum – Warum wir kaufen, was wir nicht brauchen*: »So hat sich im Zuge der Digitalisierung tatsächlich mit der Lebensdauer der Trends auch die Lebensdauer von Kleidung auf ein halbes Jahr verkürzt. [...] Ein halbes Jahr ist im Moment die

Zeit, die es dauert, bis man das, was man haben wollte, nicht mehr haben will.«

Wie können wir dem etwas entgegensetzen? Die Digitalisierung erscheint oft als der Gegner, weil sie es Konzernen möglich macht, Trends in immer kürzeren Zeitspannen zu verbreiten. Andererseits basiert die digitale Welt auch stark auf Bildern, die wir für uns selbst nutzen können, um in Verbindung mit unseren Kleidungsstücken zu gehen. Auf Instagram wird uns Tag für Tag gezeigt, wie wir Kleidungsstücke inszenieren können. Wie ein 70ies-Look mit gestreiftem Cropped-Top, Schlaghose und Vintage-Stiefeln einem Herbstspaziergang am Berliner Maybachufer eine ganz andere Energie verleiht, als ein lässiger Look mit Dad-Sneakern und Oversize-Sweater.

Wir können diese Inszenierung für uns nutzen und der psychischen Obsoleszenz entgegenwirken. Denn was mir wirklich hilft, einen nachhaltigen Kleiderschrank zu haben, ist ein Gespür für die Geschichten, die bereits in meinen Kleidungsstücken stecken, und mit ihnen neue Geschichten zu schreiben. Für mich gibt es nichts Schöneres, als meine alte Vintage-Lederjacke, mit der ich auf Festivals bis spät in die Nacht getanzt habe, am Strand mit einem dicken Pullover drunter durch den Wind gewandert bin, in deren vielen Taschen ich immer wieder Streichholzpäckchen mit Bar-Namen drauf finde, bei deren Anblick dann dieses Gefühl des Abends wieder in mir aufsteigt.

Indem viele meiner Kleidungsstücke diese Geschichten mittragen, werden sie tatsächlich zu Schutzschilden im Alltag, zu den Stimmungsaufhellern am Morgen beim Reinschlüpfen, weil ihre Bedeutung nicht mehr wie eine Überhöhung anmutet, sondern ich wirkliche Erlebnisse mit ihnen verbinde. Es ist, als wären all die Erinnerung in den Fasern einer Seidenbluse, dem Wollgarn des Strickpullovers oder den Schnallen der Ankle Boots gespeichert.

Und auf einmal werden die Kleidungsstücke zu den Partnern-in-Crime, für die wir sie einst gekauft haben. Aber wie auch mit anderen Menschen, brauchen Verbindungen eben Zeit und werden durch Erfahrungen geschrieben. Und so ist es fast eine kleine Revolution, dieselben Stiefel durch die verschiedensten Abende zu schleppen und zu wissen, dass sie alles erlebt haben, was du auch erlebt hast.

Ich denke, das ist auch der Grund für die fast ekstatische Begeisterung für Vintage-Möbel, die einem gerade auf allen Kanälen begegnet. Ich selbst habe fast alle Möbel von meinen Großeltern übernommen. Die schwarze Couch, auf der ich schon als kleines Mädchen, mit noch viel roterem Haar und blauem Kleid, aufgeregt Weihnachtsgeschenke ausgepackt habe - auf dieser Couch sitze ich nun mit meinem Sohn Dante, und wir schauen uns Wiederholungen von ALF an und teilen dabei eine große Portion Pommes. Spaßeshalber habe ich meine Couch mal bei Ecosia gesucht und so herausgefunden, dass es ein dänisches Design aus den 60ern ist und heute für etwa 4.000 Euro gehandelt wird. Das würde mir meine Oma Melitta niemals glauben. Was sie aber glauben würde, ist, dass die gelebte Geschichte, die in dieser Couch steckt, der Grund für all ihre Magie ist, was verrückterweise auch funktioniert, selbst wenn es nicht die eigene Vergangenheit ist.

Wir leben in einer Generation, die wenig schwere Geschichte erlebt hat, für die vieles im Überfluss vorhanden ist und für die trotzdem ein Gefühl der Leere allgegenwärtig ist. Verzweifelt versucht eine ganze Generation, diese Leere zu füllen. Nina Kunz, die gerade ihr Buch *Ich denk, ich denk zu viel* veröffentlicht hat, sagte dem Onlinemagazin *femtastics* dazu:»Ich finde es schwierig, einen Selbstwert zu formulieren, der nicht mit meiner Arbeit zu tun hat.«[169] Wie können wir diesen Selbstwert finden, anders als über die Arbeit, Konsum oder ständige Beschäftigung? Denn durch das konstante Ablenken mit Arbeit, sozialen Medien, Podcasts oder Netflix spüren wir zwar die Leere weniger, aber nach dem Abspann, wenn es dann kurz still ist, hören wir sie ja doch, diese laute Leere, tief in uns drin.

Selbstwert entsteht nicht alleine im Selbst, sondern in Verbindungen. Und im Fühlen. Damit ist natürlich nicht gemeint, dass wir unseren Selbstwert über die Bewunderung anderer finden. Aber wir finden Selbstwert, wenn wir in Verbindung mit anderen Menschen gehen.

Für viele von uns ist Selbsthass (hartes Wort, ich weiß) aber allgegenwärtig. Im Kapitel »Körper« haben wir ja auch schon über das ständige Gefühl, nicht gut genug zu sein, geschrieben. Das ist dann die harmlose Formulierung, aber beides gründet auf demselben Prinzip. Solange der Selbsthass nicht überwunden wird, sind wir lenkbar in einem System, das uns nicht als Bürger*innen sieht. Niemand, wirklich niemand, muss sich selbst hassen.

Das sollten wir uns alle aufschreiben und vielleicht auch gebetsmäßig jeden Morgen wiederholen. Denn wirklich noch niemals kam aus Hass etwas Gutes heraus.

Wir können diesem Selbsthass jeden Morgen in die Augen sehen und sagen:»Ich weiß, dass du da bist. Aber es ist mein Leben. Und ich habe das Recht darauf, es so schön, bunt, laut, fröhlich und gemeinschaftlich zu leben, wie es geht. Wenn du das nicht willst, lieber Selbsthass, dann bleib zu Hause.«

Wir alle können Menschen finden, mit denen wir zusammenleben wollen, wir alle können einen Beruf finden, der zu uns passt, wir alle können für uns einstehen, wir alle können beim Tanzen Spaß haben und mindestens einen guten Witz erzählen.

Wir alle sind es wert, in Verbindungen zu gehen. Verbindungen schaffen Haltung. Haltung gibt Selbstwert. Wenn wir unseren Selbstwert durch innere Haltung bestimmen, sind wir unabhängig von anderen.

Es wird gerade viel darüber diskutiert, ob Identitätspolitik, also das Eintreten für die Bedürfnisse einer spezifischen Gruppe, was auch durch die sozialen Netzwerke und den grenzenlosen, kostenlosen Zugang zu Informationen in den letzten Jahren stark vorangeht, nicht doch eher zu einer Spaltung in der Gesellschaft führt, statt wie gewünscht zu mehr Haltung. Dass wir uns diese Frage überhaupt stellen können oder vielleicht sogar müssen, liegt an den fehlenden Verbindungen.

Am Ende geht es um etwas, das über Empathie herausgeht. Es geht ums wahrhafte Fühlen und die Stärke, dass dieses Fühlen auch das bleiben darf, was es ist. Dass nicht alles diskutiert werden muss und auseinandergenommen bis ins kleinste Detail. Wenn ich empathisch bin und ins Fühlen komme, dann spüre ich, dass die Bedürfnisse des anderen eben nicht erst dann von mir anerkannt werden, wenn ich sie mittrage, sondern auch dann, wenn ich es einfach zulasse zu fühlen. Konkret bedeutet das, dass ich als Zuhörerin eine Bewegung auch stärken kann, wenn ich mitfühle, statt mitzureden.

»Schweigen ist Zustimmung« – diese Aussage ist in Diskussionen rund um die Nachhaltigkeit oft negativ gemeint, als das Auslassen von Revolution, die Abkehr von Forderungen nach einem gerechteren System. »Schweigen ist Zustimmung« beinhaltet als Aussage aber auch einen Teil von in Verbindung gehen, weil wir im Schweigen zu fühlen beginnen. Nicht umsonst gibt es Apps zur selbstverordneten Leisezeit, nicht umsonst steigt das Interesse für Meditation, Stille-Retreats und Schweigeklöster, nicht umsonst wird die Leere sehr laut, wenn wir uns von der Stille abwenden.

Mensch nimmt sich selbst Raum für die eigene Zuwendung, um den anderen Raum zu geben. Stattdessen diskutieren wir uns zu unseren Identitäten um Kopf und Kragen, behaupten dass wir eigentlich alle dasselbe wollen, und fühlen uns auf unserer Suche nach Bestätigung doch alleine.

Seit 2008 schleppe ich eine Ausgabe des *ZOO Magazines* von Wohnung zu Wohnung. Gekauft in Köln, lebte es mit mir schon in Hamburg und ist jetzt gerade mit unters Dach in Rostock gezogen. Auf dem Cover der Ausgabe ist Model und Schlagzeugerin Irina Lazareanu, und drin steht ein Interview mit einer meiner Lieblingsbands, The Kills, in denen die beiden Mitglieder Alison Mosshart und Jamie Hince ihre Beziehung als »Relationship between Love and Death« bezeichnen. Einige Jahre später war ich auf ihrem Konzert und verstand diese magische Verbindung. Sie spielten zusammen in Einigkeit, aber ohne Abstimmung, mit ekstatischer Energie. Und dann gab es immer wieder diese zeitlosen Momente, wenn Jamie oder Alison zum Solo ansetzten und der jeweils andere sich aufmerksam zurücknahm, zuhörte, fühlte.

Verbindungen zu anderen Menschen sind unsere wichtigste Ressource für die nächsten Jahrzehnte. Für all das, was auf uns zukommt. Verbindungen werden unser Schutzschild, unser Halt, unsere »Relationships between Love and Death«, weil verrückte Jahre auf uns zukommen. Wir brauchen Fantasie, wir brauchen Wandel, und wir brauchen den Mut, für

Dinge zu kämpfen, von denen wir noch nicht wissen, dass wir sie brauchen werden.

Alles mach NEU

Greta Thunberg wurde einmal gefragt, was sich denn nun ändern müsste. Ihre Antwort war: »Alles!« So radikal, wie diese Antwort ist, so viele Fragen wirft sie auf. Ja, vieles muss sich ändern – Produktion, Finanzwesen, Subventionen, Stadtplanung, Bildung, Lebensstil, Konsum – aber was versuchen wir hier eigentlich zu retten: uns? Den Planeten? Das Leben auf Erden?

Worum geht es uns eigentlich? Diese Frage begleitet mich, seitdem ich als Jugendlicher das Buch *Haben oder Sein* des deutschen Sozialpsychologen Erich Fromm in die Hände bekommen habe. Es gehört zu den wenigen Büchern, die ich mehrmals gelesen habe. Inzwischen gilt das 1976 veröffentlichte Buch als Klassiker der kapitalistischen Gesellschaftskritik, weil Fromm sich darin schon sehr früh von der Hoffnung verabschiedet hat, dass *mehr* Konsum zu *mehr* Lebensglück führt. Vielmehr hat er vorausgesehen, dass unbegrenztes Wachstum und materieller Überfluss in eine soziale und ökologische Krise führen. Für das Überleben der Menschheit sei daher eine fundamentale Umorientierung menschlicher Grundwerte notwendig. Dazu stellt Fromm der Existenzweise des Habens, mit einer Orientierung auf Besitz, Konsum, Akkumulation, Profit und Status, die Existenzweise des Seins gegenüber.

Mich verblüfft noch immer die Aktualität seiner Gesellschaftsanalysen und -diagnosen, die individuelle Krisen wie soziale Isolation, Burn-out und Erschöpfung ebenso thematisieren wie kollektive Wirtschafts- und Finanzkrisen. Weitsichtig sind auch seine Lösungsansätze und Vorschläge, wie zum Beispiel die Sicherung der persönlichen Existenz durch ein Mindesteinkommen – ein Konzept, das heute unter der Bezeichnung »Bedingungsloses Grundeinkommen« oder »Universal Basic Income« (UBI) weltweit intensiv diskutiert und in verschiedenen Modellversuchen erprobt wird. Oder einzelne Unternehmen nicht als ökonomische oder technische Einheiten zu betrachten, sondern als soziale Institutionen. Auch dieser Vorschlag war ein früher Vorläufer der heutigen Diskussionen rund um die Gemeinwohlökonomie.

Am interessantesten finde ich jedoch Fromms Community-Ansatz, zum Leben in Gemeinschaften mit etwa 500 Mitgliedern. Denn diese »Nachbarschaftsgruppen«, wie Fromm es nannte, ermöglichen eine aktive Mitwirkung an Gestaltungs- und Entscheidungsprozessen zu Grundsatzfragen der Wirtschaft, des Gesundheits- und Bildungswesens und Gemeinwohls. Die gebündelten Abstimmungsergebnisse aller Gruppen zu den jeweiligen Sachfragen gehen dann in den weiteren Gesetzgebungsprozess ein. So erfährt jedes Mitglied ein sinnstiftendes gesellschaftliches Engagement und erlebt Verbundenheit und Solidarität mit seinen Mitmenschen.

Dieser Community-Ansatz aus Fromms Buch *Der moderne Mensch und seine Zukunft* stammt aus dem Jahr 1969, weit bevor die ungeahnten technischen Möglichkeiten unserer digitalen Zeit zum Aufbau einer solchen »Teilnehmerdemokratie« zur Verfügung standen. Inzwischen können die Mitglieder des Fußballvereins Bayern München über das Wunschdesign ihres Mitgliedsausweises ebenso digital abstimmen, wie die Stadt Köln ihre Bewohner zur Entwicklung einer gemeinsamen Zukunftsvision befragt: Was genau zeichnet eine lebenswerte Stadt Köln in der Zukunft aus?

Nie waren Umfragen, Direktabstimmungen und transparente Entscheidungsprozesse leichter als heute. In diesem Jahr findet sogar die erste, unabhängige, bundesweite Volksabstimmung in der Geschichte der Bundesrepublik Deutschland statt. Parallel zur Bundestagswahl im September 2021 bringt die Kampagne *Abstimmung21.de* insgesamt vier Themen zur Volksabstimmung ein: Klima, Organspende, Gesundheitssystem und Abstimmungsrecht.[170] Weil wir diesen Ansatz zur direkten Demokratie zukunftsweisend finden, haben wir an der vorbereitenden Probeabstimmung im letzten Jahr teilgenommen und sind schon ganz gespannt auf die Premiere im Herbst. Wer Lust hat, direkt aktiv zu werden, kann seine Stimme jetzt für neue Grundrechte in Europa digital einbringen unter: https://www.jeder-mensch.eu. Der Schriftsteller und Jurist Ferdinand von Schirach hat gemeinsam mit Rechtsanwälten und Hochschullehrern neue Artikel zur Erweiterung bestehender Grundrechte formuliert, um auf Umweltzerstörung, Digitalisierung und andere Herausforderungen unserer Zeit überhaupt angemessen reagieren zu können. Besonders wichtig finden wir Artikel 5: »Jeder Mensch hat das Recht, dass ihm nur solche Waren und Dienstleitungen angeboten werden, die unter Wahrung der universellen Menschenrechte hergestellt und erbracht werden.«

Die insgesamt sechs neuen Artikel könnt ihr in dem Büchlein »Jeder Mensch« von Ferdinand von Schirach nachlesen.

Nun aber zurück zu Erich Fromm und seiner Forderung nach einer maximal dezentralen Wirtschaft und Politik, als notwendige Voraussetzung zur aktiven Teilnahme und verantwortungsvollen Mitbestimmung am politischen Leben. Heute, fast 50 Jahre später, könnte diese Forderung nicht aktueller sein. Schlagwörter wie »Circularity« oder »Off-Grid« lenken unsere Aufmerksamkeit zunehmend auf dezentrale Gesellschafts- und Lebensentwürfe. Während »Off-Grid« eher persönlich gemeint ist und eine netzunabhängige, autarke Lebensweise ohne Anschluss an das Stromnetz oder örtliche Wasser- und Abwasserleitungen meint, beschreibt »Circularity« einen gesellschaftlichen Trend. Im Gegensatz zur linearen Wegwerfwirtschaft (herstellen, kaufen, entsorgen), ist die Kreislaufwirtschaft ein regeneratives System mit zirkulären Produkten (herstellen, kaufen, wiederverwerten), die weniger Ressourcen und Energie verbrauchen.[171]

Wir haben ja auch schon erkannt, dass Fahrradfahren gut für uns ist, und ich begreife daran das Konzept der Kreislaufwirtschaft. Mein Fahrrad ist streng genommen vielleicht kein zirkuläres Produkt, aber doch so etwas Ähnliches. In unserer Nachbarschaft hat ein älterer Mann vor einigen Jahren seine kleine Garage zur Fahrradwerkstatt erklärt und repariert seitdem mit Freude platte Reifen, verbogene Speichen und kaputte Rücklichter. Es ist toll zu sehen, wie lange so ein Fahrrad mit etwas Pflege und Zuwendung eigentlich hält. Seit nunmehr zwölf Jahren fahre ich ein und dasselbe Rad oder sagen wir besser denselben Rahmen, denn über die Jahre ist bestimmt jedes einzelne Bauteil einmal ersetzt worden. Jede Reparatur gibt mir jedenfalls das gute Gefühl, mich für die Erhaltung und Bewahrung einzusetzen, statt für schnellen Verbrauch und Entsorgung.

Als Circular Economy werden aber nicht nur wiederverwertbare Produkte verstanden, sondern vor allem geschlossene, regionale Wirtschaftskreisläufe von Produktion, Kon-

sum und Wiederverwertung, bis hin zu digitalen Regional-
währungen. All diese Vorschläge bedeuten einen Übergang
von der Frage:»Was ist gut für das Wachstum des Systems?«,
hin zu der Frage:»Was ist gut für den Menschen?«
Die skizzierten Entwürfe einer Gemeinwohlökonomie
rund um Zirkularität, Regionalität, Nachhaltigkeit, Grundeinkommen und Teilhabe sind zwar wichtige Bausteine einer
zukunftsfähigen Gesellschaft, bilden aber nur äußere
Aspekte gesellschaftlicher Entwicklung ab. Noch wichtiger
als diese ist jedoch die Hinwendung zu *inneren* Aspekten
menschlicher Entwicklung.

> *The human race is challenged more than ever before*
> *to demonstrate our mastery,*
> *not over nature but of ourselves.*
>
> – Rachel Carson[172]

Dieser Hinweis der bekannten Pionierin der Umweltbewe-
gung, Rachel Carson, stammt aus den 60er-Jahren und weist
uns auf denselben Missstand hin, den UN-Generalsekretär
António Guterres im Februar 2021 benannte: Zur Bekämp-
fung der Pandemie finden 75 Prozent aller Impfungen in
nur zehn Ländern statt, während 130 der knapp 200 Länder
dieser Welt bislang noch überhaupt keine einzige Dosis
erhalten haben.[173] Selbst wenn die Impfung die alleinige,
perfekte, technische Lösung dieser Gesundheitskrise wäre,
verbreitet sich der Virus im globalen Süden trotzdem unge-
hindert weiter und entwickelt so neue Varianten und Muta-
tionen, die sich anschließend im globalen Norden unbeein-
druckt vom Impfstatus der dortigen Länder ausbreiten.
(Stand Frühjahr 2021)

Ob bei der Gesundheits-, Umwelt- oder Klimakrise, eine Fixierung auf äußere Aspekte wird uns keine tragenden Lösungen schenken. Die Krisen dieser Welt stellen uns vor die Frage: »Wie wollen wir zusammenleben?« Wer diese Frage in Zahlen übersetzt oder mit Technik allein zu beantworten hofft, wird enttäuscht werden. Schon in den 70ern haben die Autoren des Buches *Die Grenzen des Wachstums* in ihren Modellierungen akribisch vorgerechnet, dass die strukturelle Krisenhaftigkeit unserer Welt selbst mit maximaler technischer Entwicklung und Innovation nicht behoben werden kann. Trotzdem reden wir heute über die Hightech-Entsorgung des lästigen CO_2 aus der Atmosphäre (zum Beispiel im Meeresboden, wo Japan in den letzten drei Jahren erfolgreich 300.000 Tonnen Kohlendioxid verpresst hat[174]) oder eine neue Generation von Elektroautos (vom chinesischen Automobil-Star Nio), die endlich das Reichweitenproblem lösen und nun 1.000 Kilometer mit einer Batterieladung fahren[175]. Dann beziehen wir noch alle 100 Prozent Ökostrom, konsumieren schön nachhaltig und sammeln Zigarettenkippen am Strand. Können wir dann einfach weitermachen wie bisher?

So wichtig und notwendig unsere äußeren Anstrengungen auch sind, es wird als Praxis nicht reichen, um uns durch das 21. Jahrhundert zu führen. Denn die Zukunft findet zuallererst im Kopf statt. Schon den Übergang von der Agrargesellschaft zum Industriezeitalter beschreibt Polanyi in seinem Klassiker *Die große Transformation* von 1957 als einen *kontinuierlichen* Wandel von Werten, Wissen, Normen und Regeln. Es ist also eher eine schleichende Umfärbung dessen was wir als wichtig und angemessen empfinden, statt eines radikalen Umbruchs unseres Lebensstils. Zumal dieser bislang ja durchaus auf sich warten lässt. Immerhin sind seit dem ersten Sachstandsbericht des Weltklimarats im Jahr 1990 nun schon 30 Jahre vergangen. 30 Jahre vorliegende Beweislast für die wissenschaftlich belegte Umwelt- und Klimakrise. 30 Jahre mit 25 Weltklimakonferenzen von Rio, Kyoto, Kopenhagen und Paris bis Madrid. 30 Jahre, in denen jedoch unsere verinnerlichten Glaubenssätze von der Konkurrenz als Grundlage menschlichen Zusammenlebens, von Gewinn und Profit als Maßstab aller Dinge oder vom Wachstum als alleinigem Entwicklungsziel unverändert blieben.

Der niederländische Autor und Historiker Rutger Bregman engagiert sich in seinen Büchern für eine neue Sicht auf die Menschheit. Dabei widerspricht Bregman den gängigen Denkmustern vom egoistischen, gierigen, bösen Wesen des Menschen und argumentiert das genaue Gegenteil: Ohne vertrauensvolles Miteinander und Kooperation ließe sich die Geschichte menschlicher und auch gesellschaftlicher Entwicklung überhaupt nicht erzählen. Es ist das Plädoyer für ein »survival of the friendliest« statt »survival of the fittest«, das vor allem in Krisenzeiten eine neue Sicht auf unser Wesen und damit auf unsere Zukunft eröffnet.

Ich denke auch, wir sollten weniger um neue Ideen kämpfen, als vielmehr darum, unseren alten Ideen zu entkommen. Es ist doch so: Im Moment leben wir von den Erträgen von drei Erden. Würde uns die magische Entkopplung von Wachstum und Umweltzerstörung tatsächlich gelingen, würden wir vielleicht nur noch zwei Erden verbrauchen.

Derzeit schafft es jedenfalls kein einziges Land, die sozialen und wirtschaftlichen Grundlagen und Bedürfnisse der Bevölkerung auf nachhaltige Weise, also innerhalb planetarer Grenzen, bereitzustellen.[176] Es bleibt dabei, wir müssen in Schönheit schrumpfen und uns auf ein gutes Leben innerhalb der planetaren Grenzen verständigen.

Dafür brauchen wir nicht nur ein Um-Denken und Um-Handeln, sondern vor allem ein Um-Fühlen. Lassen wir für einen Moment doch mal all das zu viele Fliegen, das zu viele Fleisch und das zu viele Plastik beiseite. Lassen wir gierige Unternehmer, korrupte Politiker oder zockende Bänker außen vor und vergessen auch Klimapakete, Rettungsschirme und Öko-Fundamentalismus. Machen wir uns nur für diesen Moment einmal frei von allen Beschuldigungen und fühlen, was wir da eigentlich mit uns und der uns umgebenden Umwelt tun.

Verändert sich in diesem Moment etwas? Was genau verändert sich? Statt die Verantwortlichen für die Krisen dieser Welt wie Haare in fremden Suppen zu suchen, stehen wir vor der Aufgabe, den Blick von »den anderen« zurückzunehmen und nach innen zu wenden.

- Was fühlst du?
- Was denkst du?
- Was tust du?
- Und warum eigentlich?

Diese Empfehlung zur Innenwendung ist für Yuval Noah Harari, den weltweit gefeierten Historiker und Autor, eine der entscheidenden Schlüsselkompetenzen zur Bewältigung des 21. Jahrhunderts. Harari gilt seit seinen Büchern *Sapiens* und *Homo Deus* als einer der einflussreichsten (Vor-)Denker unserer Zeit und sieht in unserer nahen digitalen Zukunft eine Künstliche Intelligenz heranreifen, die uns schon sehr bald sehr viel besser kennen wird als wir selbst. Selbstkenntnis ist dann gleichbedeutend mit Autonomie, um einem algorithmengesteuerten Alltag zu entgehen. Harari erinnert uns daran, dass die Antworten auf alle Fragen, die *nach* der Befriedigung der Grundbedürfnisse entstehen, eben nicht auf dem Mount Everest, Hawaii oder dem Jakobsweg zu finden sind, sondern in uns selbst.

Denn Verantwortung ist letztlich immer individuell – es gibt keine kollektive Verantwortung.

Übernimm die Verantwortung für dein Tun und wende dich der Regeneration unserer ökologischen und sozialen Systeme zu – nicht nur von außen, sondern vor allem von innen. Denn es gibt verschiedene Arten, das Leben zu sehen und zu erleben.

Wir haben gelernt, unsere Umwelt als von uns getrennt zu erleben. Es beginnt mit der Sprache – ein Baum ist ein Baum, und eine Kuh ist eine Kuh – und es endet mit unserer Beziehung zu dieser getrennten Umwelt. Aus Bäumen werden Terrassenmöbel und aus Kühen saftige Steaks und Handtaschen. In dieser Sichtweise steht jedes Ding auf dieser Welt für sich, benannt, kategorisiert und unabhängig voneinander. Das ist unser blinder Fleck: Der Mensch und seine Umgebung sind ein und dasselbe. Wir und all das Leben um uns herum wären ohne unsere jeweilige Umwelt nie entstanden. Du *bist* deine Umwelt!

Niemand weiß, wie lang unser Weg zu dieser Sichtweise noch ist. Klar ist jedenfalls, dass die Trennung zwischen dem Wahrnehmenden (du) und dem Wahrgenommenen (Welt) die Grundlage unseres instrumentellen Verhältnisses zur Natur ist. Dabei vergessen wir, dass wir ohne den Boden, die Bäume, die Vögel und den Himmel gar nicht existieren würden. Im Zustand der Getrenntheit nehmen wir an, das Klima würde von der Atmosphäre, der Sonne, dem Wasser und dem Eis abhängen. Aber das stimmt nicht. Das Klima ist ein zusammenhängendes Ganzes. Du bist das Klima, du bist die Luft, und du bist das Wasser – in keiner Weise bist du getrennt oder anders als das Ganze.

In der Geschichte des 21. Jahrhunderts stehen wir keiner unbelebten Natur gegenüber. Die Welt ist belebt und unwiderruflich verflochten. Wir stehen eben nicht vor der Wahl, uns um soziale *oder* ökologische Fragen zu kümmern – Bauernsterben oder Bienensterben? Rettet die Bauern oder rettet die Bienen? – es ist dieselbe Welt, in der beide Akteure wechselseitig aufeinander bezogen sind. Daher erleben wir eine solch umfassende Politisierung von Fragen zum Befinden unseres Planeten – Temperatur, Luft, Wasser, Artenreichtum – der Unterschied zwischen dem menschlichen und nichtmenschlichen Schicksal verschwimmt. Unsere Geschichte ist nicht länger nur die Geschichte des Menschen. Was mit der Umwelt- und Klimakrise begann und in der Pandemie seinen vorläufigen Höhepunkt erreicht, ist die Notwendigkeit, nichtmenschliche Akteure (Bienen, Bäume und Gletscher), die in jedem Aspekt gesellschaftlicher Entwicklung implizit sind, explizit zu berücksichtigen.

Wie das aussehen könnte, zeigt zum Beispiel Neuseeland. Dort wurde im Jahr 2014 weltweit erstmalig einem Nationalpark der Status einer »juristischen Person« verliehen. Das bedeutet, dass der über 2.000 km² große »Te-Urewera-Nationalpark« jetzt vor dem Gesetz offiziell »selbstständig« ist und damit dieselben Rechte, Verantwortungen und Verpflichtungen trägt wie ein echter Mensch auch.[177] Bäumen, Flüssen und Wäldern erweiterte Menschenrechte zu verleihen, ist nicht nur Ausdruck des Selbstverständnisses der einheimischen Maoris, die alles Leben als gleichwertig ansehen, sondern eröffnet auch neue Möglichkeiten, um wertvolle Naturräume auf rechtlicher Ebene zu schützen und vor weiterer Ausbeutung zu bewahren. Möglichkeiten, die inzwischen auch viele andere Länder wie Ecuador, Bolivien oder Kanada nutzen, indem sie ihre Ökosysteme und Naturräume als vollwertige juristische Person anerkennen und damit umfassende Schutzrechte gewähren.

Eine andere Möglichkeit zum Schutz unserer Ökosysteme ist die geforderte Erweiterung des internationalen Strafrechts, um den Ökozid, also die großflächige Zerstörung von Ökosystemen, zukünftig als Verbrechen einzustufen und damit die Verursacher von Umwelt- und Klimazerstörung zur Rechenschaft zu ziehen. Ölkatastrophen, Brandrodungen und Müllstrudel – tatsächlich ist bislang niemand haftbar, niemand verantwortlich. Unglaublich, aber letztlich doch nur ein Ausdruck unserer allgemeinen Entfremdung zwischen Mensch und Natur.

Für die notwendige Besinnung auf die Verflochtenheit allen Lebens nutzt der bekannte US-amerikanische Kulturphilosoph und Autor Charles Eisenstein in seinem Buch *Klima: Eine neue Perspektive* den Begriff des »Interbeing«, im Sinne eines ganzheitlichen Fühlens und Handelns in gleichberechtigter Verbundenheit von Mensch und Natur. Denn unsere Beziehung zur Erde erschöpft sich eben nicht im Verrechnen von CO_2-Emissionen oder dem Ausgleich der persönlichen Klimabilanz. Wir werden die Welt nicht retten, indem wir phantasielos auf Zahlen starren.[178] Der Schlüssel zu unserer Rettung ist unsere gefühlte Beziehung zur Welt. Im Sinne von Eisenstein brauchen wir keine Um-Weltbewegung, sondern eine Mit-Weltbewegung. Der erste tiefe Atemzug am Morgen, der erste Schluck heißen Tees, das warme Wasser unter der Dusche oder das weiche Handtuch auf der Haut – solange es etwas gibt, was du fühlst, gibt es etwas, worauf du hoffen kannst.

In einem wirklich großartigen Gespräch zwischen Russell Brand und Charles Eisenstein lässt sich in der Podcast-Serie *Under The Skin* nachhören und vor allem nachvollziehen, welche Überlegungen und Schritte das bestehende System umbauen können, sodass es für alle funktioniert.[179] Ja, in Anbetracht der Weltlage gibt es viele gute Gründe, den Mut zu verlieren. Doch all unsere Anstrengungen allein auf die Rettung der Welt aufzurichten, kann nur schiefgehen.

Niemand steht morgens auf, um ein perfekt nachhaltiges Leben zu führen. Lass dich nicht von der Frage unter Druck setzen, womit du heute die Welt gerettet hast. Das ist die falsche Frage. Dein Handeln kann auch ethisch sein, ohne den Anspruch der Weltrettung einzulösen. Es geht nicht um das Erreichen von Nachhaltigkeit, sondern darum, was Nachhaltigkeit überhaupt sein soll. Die richtige Frage dazu hat Herbert Grönemeyer schon 2007 in dem Song »Stück vom Himmel« besungen: »Die Erde ist freundlich – warum wir eigentlich nicht?«

Die Erde trägt uns, ernährt uns, stillt unseren Durst und lässt uns frei atmen. *Freundlichkeit* wäre also ein hinreichender Grund, sich um die Erde zu kümmern. Nicht mehr, aber auch nicht weniger. Aus Liebe zu den Bäumen, den Tieren, den Wäldern und allem Lebendigen um dich herum – aus Liebe zum Leben.

Alle Lösungen sind da

Wir stellen uns dieses Buch ein bisschen vor wie eine Dinnerparty, nicht nur weil das Thema Essen immer wieder auftaucht, sondern auch weil wir uns alle an einen Tisch setzen können. Denn was sollen wir sagen?

Alle Lösungen sind schon da!

Viva con Agua, das Wasser das natürlich auf den Tischen dieser Dinnerpartys steht und ein Social Business ist, hat sich zum Ziel gesetzt, Trinkwasser für alle Menschen dieser Welt zur Verfügung zu stellen und sich als einfachen Aktivismus für alle Bürger*innen ausgedacht, die Pfandbecher von Festivalbesucher*innen in Spenden zu verwandeln.[180] So konnten wir, während unsere Lieblingsband spielte, indirekt Brunnen bauen (und wir alle zählen die Tage, bis das nach der Pandemie wieder möglich ist).

Dazu gibt es großartige Start-ups, die Filter entwickelt haben, die mit Solarenergie funktionieren und aus verdrecktem Wasser frisches Trinkwasser filtern. Diese könnten überall da eingesetzt werden, wo Trinkwasser knapp ist. Denn die sind von Bürger*innen einfach zu handhaben und bedürfen keiner weiteren Infrastruktur. Und es gibt Start-ups, die aus Algen oder Bambus, zwei sehr schnell nachwachsenden Rohstoffen, die während ihres Wachstums auch noch CO_2 binden, Kleidung oder Möbel herstellen. Wir könnten ein ganzes weiteres Buch füllen mit solch großartigen Beispielen, vielleicht machen wir das auch noch.

Aber was fehlt? Die kritische Masse, die Finanzierung, die globale Vernetzung.

Eine typische Frage in Interviews ist: Wen würdest du zu deiner Dinnerparty einladen (egal ob tot oder lebendig)?

Die Antwort lautet: all die großartigen Visionäre, die Politiker und die Shareholder, alle lebendig.

Globale Wirtschaft und soziale Gerechtigkeit schließen sich eben nicht aus. Eine faire Welt bedeutet nicht, dass wir alle in einer Hippiekommune leben müssen – das haben wir ja auch schon gelernt. Aber wir können lernen, aus der Gemeinschaft heraus gesundes Wachstum für alle zu kreieren.

Auch Lösungen entwickeln sich exponentiell, nicht nur Krisen. Das ist die gute Nachricht.

Wie du anfangen kannst? Koche ein MTV-Dinner und lade alle kreativen Köpfe ein, die du kennst – auch die, die im Status quo leben und damit wirtschaften. Seit vielen Jahren beginne ich jeden meiner Geburtstage mit bunt zusammengewürfelten Herzensmenschen, die ich dazu einlade, in einer kurzen Vorstellungsrunde zwei Fragen zu beantworten: »Womit beschäftigst du dich?« und »Was macht dich glücklich?«

Unmittelbar nach der Fragerunde finden sich immer Grüppchen von Menschen zusammen, die sich vorher nicht kannten, aber in den Antworten der jeweils anderen wiederfanden. Und so entsteht Gemeinschaft. Der eine hat das Start-up mit dem innovativen Produkt, die andere hat Kontakte zu Investoren. Die eine hat schon lange die Idee für einen Verein, der andere die nötige Zeit zur Gründung. Und so können wir gemeinsam, als offene Gemeinschaft, Gesellschaft verändern.

Denn eigentlich ist alles da. Die Kühlschränke sind voll.

Belegen wir unsere Pizzen mit Wandel, Gemeinschaft und Visionen.

Epilog

Nur vier Tage bevor wir unser Manuskript an den Verlag übergeben, am 29. April 2021, ruft es in Großbuchstaben aus den sozialen Medien: »WIR HABEN GEWONNEN!!!« Neun junge Menschen, darunter Luisa Neubauer, Frontfrau der Fridays for Future Bewegung, hatten mit der Unterstützung von Greenpeace eine Klimaklage beim Bundesverfassungsgericht in Karlsruhe eingereicht. Eine der Kläger*innen heißt Sophie Backsen, und es geht ihr ganz konkret um die Sicherung ihres Zuhauses, einem Bauernhof auf der Nordseeinsel Pellworm, den sie vielleicht später übernehmen möchte. Aber ob das möglich sein wird, das weiß sie nicht. Werden die Deiche der Insel dauerhaft genug Schutz bieten vor dem steigenden Meeresspiegel?

»Wir sind hier, wir sind laut, weil ihr unsere Zukunft klaut«, rufen die Demonstrant*innen auf den Fridays for Future Demos. Jetzt, seit einem Jahr, ist kreativer, gewaltfreier Protest gefragt – denn die globalen Klimastreiks können seit der Pandemie nicht mehr stattfinden. Sophie Backsen hat zusammen mit anderen jungen Menschen und dem Support von Luisa Neubauer und Greenpeace Widerstand geleistet und Klage eingereicht gegen die, die ihre Zukunft aufs Spiel setzen: unsere Bundesregierung. Mit Blick auf die Verfassung haben sie nun Recht erhalten. Sie machten ihr »Recht auf Zukunft« geltend und argumentieren mit Artikel §1 des Grundgesetzes. Die Menschenwürde ist betroffen, weil die junge Generation später eben nicht mehr selbstständig über ihr Leben bestimmen kann. [181]

Diese Klage ist nicht die einzige, weltweit wenden sich immer mehr Bewegungen an die Gerichte, denn Klimaschutz bedeutet auch, die Grundrechte der Bürger*innen zu schützen.

Und dieser Sieg mit einer Klage, die von nur neun jungen Menschen initiiert wurde, zeigt einmal wieder, wir Bürger*innen können uns zusammentun, für unsere Rechte einstehen und GEWINNEN.

»WIR HABEN GEWONNEN!!! Unserer #Klimaklage vor dem #BVerfG wurde zugestimmt. Es ist riesig. Klimaschutz ist nicht nice-to-have, Klimaschutz ist unser Grundrecht. Jetzt kämpfen wir weiter, für eine 1,5 Grad Politik, die unsere zukünftigen Freiheiten schützt, statt sie zu gefährden.«
– Luisa Neubauer am 29.04.2021 auf Twitter[182]

Nun ist dieses Büchlein zu Ende und wir möchten euch einladen, euch vorzustellen, damit wir ein wenig erfahren können, wie ihr diese Zeiten erlebt, was euch Hoffnung macht und was ihr braucht, um in dieser und kommenden Krisen zu bestehen.

bio-pizza-dilemma@theklawilkening.de

Über die Autoren

 **Thekla Wilkening** ist Nachhaltigkeitsaktivistin und »Princess of Sustainability« (*FACES* 10/2020). Sie gründete mit 25 Jahren die »Kleiderei«. Ihre Vision: eine kreislauffähige Mode-Industrie. Als Expertin für Kreislaufwirtschaft in der Mode berät sie Unternehmen in Sachen Nachhaltigkeit.

Robin Haring ist Professor für Gesundheitswissenschaften. Er widmet sich mit Leidenschaft den Themen Digitalisierung, globale Gesundheit und nachhaltige Entwicklung. Haring ist Autor sowie Herausgeber und fungiert als Gesundheitsexperte in den Medien *Die Zeit*, ZDF, ARTE u. v. a.

Bücher zum Weiterlesen

Alex Vogt, Jana Kern (2016): *Future. Fashion. Economics. Der Guide für zukunftsorientiertes, verantwortungsbewusstes Wirtschaftsdenken in der Modebranche.* Deutscher Fachverlag.

Ann Petiffor (2020): *The Case for the Green New Deal.* Verso Books.

Carl Tillessen (2020): *Konsum. Warum wir kaufen, was wir nicht brauchen.* Harper Collins.

Charles Eisenstein (2019): *Klima. Eine neue Perspektive.* Europa Verlag.

Cyril Dion (2019): *Kurze Anleitung zur Rettung der Erde. Wofür wir heute kämpfen müssen.* Reclam.

Erich Fromm (1976): *Haben oder Sein. Die seelischen Grundlagen einer neuen Gesellschaft.* dtv.

Mason Currey (2014): *Musenküsse. Die täglichen Rituale berühmter Künstler.* Kein & Aber.

Eva von Redecker (2020): *Revolution für das Leben. Philosophie der neuen Protestformen.* Fischer.

Michael Timmermann et. al. (2019): *Wann wenn nicht wir*. Ein Extinction Rebellion Handbuch.* Fischer.

Frank Berzbach (2016): *Formbewusstsein. Eine kleine Vernetzung der alltäglichen Dinge.* Verlag Hermann Schmidt.

Ferdinand von Schirach (2021): *Jeder Mensch.* Luchterhand.

Gerd Müller (2020): *Umdenken. Überlebensfragen der Menschheit*. Murmann.

Glennon Doyle (2020): *Ungezähmt*. Rowohlt Polaris.

Harald Welzer (2020): *Alles könnte anders sein. Eine Gesellschaftsutopie für freie Menschen*. Fischer.

Kate Raworth (2018): *Die Donut-Ökonomie. Endlich ein Wirtschaftsmodell, das den Planeten nicht zerstört*. Hanser.

Ken Mogi (2018): *Ikigai – Die Japanische Lebenskunst*. DuMont.

Mathias Binswanger (2019): *Der Wachstumszwang. Warum die Volkswirtschaft immer weiterwachsen muss, selbst wenn wir genug haben*. Wiley.

Melodie Michelberger (2021): *Body Politics*. Rowohlt.

Nina Kunz (2021): *Ich denk, ich denk zu viel*. Kein & Aber.

Raphaël Glucksmann (2019): *Die Politik sind wir! Gegen den Egoismus, für einen neuen Gesellschaftsvertrag*. Hanser.

Rutger Bregman (2019): *Utopien für Realisten. Die Zeit ist reif für die 15-Stunden-Woche, offene Grenzen und das bedingungslose Grundeinkommen*. Rowohlt.

Sophia Amoruso (2015): *#GIRLBOSS. Wie ich aus einem eBay-Shop das Fashionimperium NASTY GAL erschuf*. Redline Verlag.

Srdja Popovic (2015): *Protest! Wie man die Mächtigen das Fürchten lehrt*. Fischer.

Waldemar Zeiler (2020): *Unfuck the Economy: Eine neue Wirtschaft und ein besseres Leben für alle*. Goldmann.

Yuval Noah Harari (2018): *Homo Deus. Eine Geschichte von Morgen*. C.H. Beck.

Anhang

1   https://www.brandeins.de/magazine/brand-eins-wirtschaftsmaga-
     zin/2013/besitz/meins-bleibt-meins
2   Frank Berzbach (2016) *Formbewusstsein: Eine kleine Vernetzung der all-
     täglichen Dinge*. Verlag Hermann Schmidt.
3   https://www.gdv.de/resource/blob/64586/4047494c2077b273000
     a02eab8ef956b/generation-mitte-2020—praesenta
     tion-data.pdf, S. 3.
4   https://www.zeit.de/news/2021-01/27/weltuntergangs
     uhr-bleibt-sehr-nahe-an-mitternacht.
5   https://www.un.org/sg/en/content/sg/speeches/
     2020-12-02/address-columbia-university-the-state-of-the-
     planet.
6   ebd.
7   https://www.uibk.ac.at/theol/leseraum/bibel/offb1.html
8   Gregory Fuller: Das Ende. Von der heiteren Hoffnungslosigkeit im
     Angesicht der ökologischen Katastrophe. Meiner, Hamburg 2017,
     S. 24.
9   Spratt, D. & Dunlop, I. (2019): *Existential climate-related security risk: A
     scenario approach*. *Breakthrough - National Centre for Climate Restoration*,
     Melbourne, Australia.
10   https://www.welt.de/wissenschaft/weltraum/article
     146335249/Neuer-Rekord-Kosmonaut-war-879-Tage-im-
     Weltall.html
11   https://www.nasa.gov/mission_pages/station/research/news/
     padalka_record.
12   Steffen, W. et al. (2015): *The trajectory of the Anthropocene: The Great
     Acceleration*, in: The Anthropocene Review. 2015;2:81-98.
13   WMO (World Meteorological Organization) (2020): *State of the Glo-
     bal Climate 2020 – Provisional Report*. Download unter: https://library.
     wmo.int/index.php?lvl=notice_display&id=21880#.YKDXt6FCRPZ

14   Rainforest Action Network (RAN) (2021): *Banking of climate chaos.* Download unter: https://www.ran.org/bankingonclimatechaos 2021/

15   Le Quéré, C. et al. (2021): Fossil CO2 emissions in the post-COVID-19 era. Nat. Clim. Chang. 2021;11:197-9.

16   https://www.iea.org/articles/global-energy-review-co2-emissions-in-2020

17   Cambridge Sustainability Commission (CSC) on Scaling Behaviour Change (2021): *Changing our ways? Behaviour change and the climate crisis.* https://www.rapidtransition.org/wp-content/uploads/2021/04/Cambridge-Sustainability-Commission-on-Scaling-behaviour-change-report.pdf

18   O'Callaghan, B. et al. (2020): *Global Recovery Observatory. Oxford University Economic Recovery Project.* https://recovery.smithschool.ox.ac.uk/wp-content/uploads/2021/03/20210201-Global-Recovery-Observatory-Draft-Methodology-Document-.pdf

19   Whitmee, S. et al. (2015): *Safeguarding human health in the Anthropocene epoch: Report of The Rockefeller Foundation - Lancet Commission on planetary health,* in: The Lancet. 2015;386:1973-2028.

20   Steffen, W. et al. (2015): *Planetary boundaries: Guiding human development on a changing planet,* in: Science. 2015;347:1259855.

21   https://www.overshootday.org/newsroom/country-over shoot-days/; https://www.wwf.de/earth-overshoot-day

22   https://www.deutschlandfunk.de/50-jahre-club-of-rome-die-gren-zen-des-wachstums.769.de.html?dram:article_id=414948

23   Turner, G. (2014): *Is Global Collapse Imminent?.* MSSI Research Paper No. 4, Melbourne Sustainable Society Institute, The University of Melbourne. https://sustainable.unimelb.edu.au/__data/assets/pdf_file/0005/2763500/MSSI-ResearchPaper-4_Turner_2014.pdf

24   https://www.bmu.de/fileadmin/Daten_BMU/Download_PDF/Kli-maschutz/paris_abkommen_bf.pdf; S. 3 – 4.

25   Intergovernmental Panel on Climate Change (2018): *Global Warming of 1.5°C.* Download unter: https://www.ipcc.ch/sr15/

26   ebd.

27   Semieniuk, G. et al. (2021): *Plausible energy demand patterns in a growing global economy with climate policy,* in: Nat. Clim. Chang. 2021;11:313-8.

28   Tong, D. et al. (2019): *Committed emissions from existing energy infras-tructure jeopardize 1.5 °C climate target*, in: Nature. 2019;572:373-7.

29   Westerhold T. et al. (2020): *An astronomically dated record of Earth's climate and its predictability over the last 66 million years*, in: Science. 2020;369:1383-7.

30   https://svs.gsfc.nasa.gov/4787

31   GBD 2019 Risk Factors Collaborators (2020): *Global burden of 87 risk factors in 204 countries and territories, 1990-2019: a systematic analysis for the Global Burden of Disease Study 2019*, in: The Lancet. 2020;396:1223-49.

32   https://twitter.com/el_escuincle/status/116278299895 1092226

33   Rich, N. (2018): *Losing earth: The decade we almost stopped climate change*, in: The New York Times, 01.08.2018. https://www.nytimes.com/interactive/2018/08/01/magazine/climate-change-losing-earth.html

34   Europäische Kommission (2020): *Standard Eurobarometer 93*, Tabellenanhang, Seite 17 ff. Veröffentlicht von Statista Research Department, 26.10.2020.

35   Göpel, M. (2016): *The Great Mindshift. How a New Economic Paradigm and Sustainability Transformations go Hand in Hand*. Springer International Publishing.

36   Pack, L. (1968): »Das Problem des Handlungsreisenden«, in: *Unternehmer-Planspiele für die betriebswirtschaftliche Ausbildung. Forschungsberichte des Landes Nordrhein-Westfalen, vol 1914*. VS Verlag für Sozialwissenschaften.

37   https://www.wired.com/2013/06/ups-astronomical-math/

38   Gerber, P.J. et al. (2013): Tackling climate change through livestock – A global assessment of emissions and mitigation opportunities. Food and Agriculture Organization of the United Nations (FAO). http://www.fao.org/3/i3437e/i3437e.pdf

39   Intergovernmental Panel on Climate Change (2020): *Climate Change and Land*. Download unter: https://www.ipcc.ch/srccl/

40   Benton, TG. et al. (2021): *Food system impacts on biodiversity loss: Three levers for food system transformation in support of nature*. The Royal Institute of International Affairs Chatham House. https://www.chathamhouse.org/2021/02/food-system-impacts-biodiversity-loss/04-recommendations-action-2021

41   Willett, W. et al. (2019): *Food in the Anthropocene: the EAT-Lancet Commission on healthy diets from sustainable food systems*, in: The Lancet. 2019;393:447-92.

42   IPPR (Institute for Public Policy Research) (2019): *This is a crisis: Facing up to the age of environmental breakdown.* Download unter: https://www.ippr.org/research/publications/age-of-environmental-breakdown

43   Lenton, TM. (2019): *Climate tipping points - too risky to bet against*, in: Nature. 2019;575: 592-5. https://media.nature.com/original/magazine-assets/d41586-019-03595-0/d41586-019-03595-0.pdf

44   Xu, Y. et al. (2018): *Global warming will happen faster than we think*, in: Nature. 2018:564, 30-2.

45   https://taz.de/Indonesien-verlegt-seine-Hauptstadt/!5620616/

46   Rocha, JC. et al. (2018): *Cascading regime shifts within and across scales*, in: Science. 2018;362:1379-83.

47   Frutos, R. et al. (2020): *COVID-19: The Conjunction of Events Leading to the Coronavirus Pandemic and Lessons to Learn for Future Threats.* in: Front Med. 2020;7:223.

48   Machalaba, C. et al. (2015): *Climate Change and Health: Transcending Silos to Find Solutions*, in: Ann. Glob. Health. 2015;81:445-58.

49   Traber, T & Fell, HJ. (2019): *Energy Watch Group: Erdgasstudie 2019.* Berlin.

50   https://publications.pik-potsdam.de/

51   Lelieveld, J. (2020): *Loss of life expectancy from air pollution compared to other risk factors: a worldwide perspective*, in: Cardiovascular Research. 2020;116:1910-17.

52   https://www.zeit.de/news/2020-12/16/gericht-luftverschmutzung-mit-schuld-an-tod-von-maedchen

53   Schraufnagel, DE. et al. (2019): *Air Pollution and Noncommunicable Diseases: A Review by the Forum of International Respiratory Societies Environmental Committee, Part 1: The Damaging Effects of Air Pollution*, in: Chest. 2019 Feb;155(2):409-416.

54   Slater, T. et al. (2021): *Earth's ice imbalance*, in: The Cryosphere. 2021:15, 233-246.

55   https://paulocoelhoblog.com/2015/03/13/intercultural-dialogue/

56   Elhacham, E. et al. (2020): *Global human-made mass exceeds all living biomass*, in: Nature. *2020:* 588, 442-4.

57 https://www.sueddeutsche.de/kultur/coronavirus-schup
pentier-china-1.4862197

58 https://edition.cnn.com/2019/09/18/health/who-pande
mic-report-intl-hnk-scli/index.html

59 Smith, KF. (2014): *Global rise in human infectious disease outbreaks*, in: *J R Soc* Interface. 2014;11(101): 20140950.

60 DiMarco, M. (2020): *Sustainable development must account for pandemic risk*, in: Proc. Natl. Acad. Sci. *U S A*. 2020;117:3888-92, https://www.pnas.org/content/pnas/117/8/3888.full.pdf

61 WEF (World Economic Forum) (2021): *The Global Risks Report 2021 - 16th Edition*. Download unter: https://www.weforum.org/reports/the-global-risks-report-2021.

62 https://www.spiegel.de/wissenschaft/mensch/weltbuerger
bewegung-der-mann-der-die-menschheit-einte-a-1236492.html

63 United Nations Environment Programme (UNEP) (2020): *Emissions Gap Report 2020*. Nairobi. Download unter: https://www.unep.org/emissions-gap-report-2020.

64 United Nations Environment Programme (UNEP) (2019): *Emissions Gap Report 2019*. Nairobi. Download unter: https://www.unep.org/resources/emissions-gap-report-2019.

65 IPPR (Institute for Public Policy Research) (2019): *This is a crisis: Facing up to the age of environmental breakdown*. Download unter: https://www.ippr.org/research/publications/age-of-environmental-breakdown

66 United Nations Development Programme (UNDP) (2021): *Bericht über die menschliche Entwicklung 2020*. Berlin. Download unter: http://hdr.undp.org/sites/default/files/hdr_2020_overview_german.pdf

67 United Nations Environment Programme (UNEP) (2020): *Emissions Gap Report 2020*. Nairobi. Download unter: https://www.unep.org/emissions-gap-report-2020

68 https://taz.de/Klimaschutz-und-Flugverkehr/!5667865/

69 https://www.theguardian.com/world/2019/nov/26/indian-states-must-provide-clean-air-and-water-or-pay-damages-supreme-court-rules

70 Wynes, S. & Kimberly, AN. (2017): *The climate mitigation gap: education and Government recommendations miss the most effective individual actions*, in: Environ. Res. Lett. 2017;12:074024.

71 https://weather.com/de-DE/wissen/umwelt/news/2019-08-20-for-scher-schockiert-es-regnet-plastik-sogar-in-300-meter-hohe

72   https://www.zeit.de/wissen/umwelt/2020-01/plastikverbot-china-gesetz-plastiktueten-umweltschutz

73   O'Neill, DW. et al. (2018): *A good life for all within planetary boundaries*, in: Nat. Sustain. 2018;1:88-95.

74   Friedlingstein, P. et al. (2020): *Global Carbon Budget 2020.*, in: Earth Syst. Sci. Data. 2020;12: 1-71.

75   United Nations Environment Programme (UNEP) (2019): *Emissions Gap Report 2019.* Nairobi. Download unter: https://www.unep.org/resources/emissions-gap-report-2019.

76   WMO (World Meteorological Organization) (2019): Greenhouse Gas Bulletin. No. 15. 25 November 2019. https://library.wmo.int/doc_num.php?explnum_id=10100

77   Kaufman, M. (2020): The carbon footprint sham - a ›successful, deceptive‹ PR campaign. https://mashable.com/feature/carbon-footprint-pr-campaign-sham/?europe=true

78   Le Quéré, C. et al. (2021): *Fossil CO_2 emissions in the post- COVID-19 era.* Nat. Clim. Chang. 2021;11:197-9.

79   Sustainable-Finance-Beirat (SFB) (2021): *Shifting the Trillions. Ein nachhaltiges Finanzsystem für die Große Transformation.* https://sustainable-finance-beirat.de/wp-content/uploads/2021/02/210224_SFB_-Abschlussbericht-2021.pdf

80   Agarwala, M. et al. (2020*): Building Forward: Investing in a Resilient Recovery. Wealth Economy Report to LetterOne. Bennett Institute for Public Policy,* University of Cambridge. https://www.bennettinstitute.cam.ac.uk/media/uploads/files/WER_Building_Forward_Investing_in_a_resilient_recovery.pdf

81   United Nations Development Programme (UNDP) (2021): *Bericht über die menschliche Entwicklung 2020.* Berlin. Download unter: http://hdr.undp.org/sites/default/files/hdr_2020_overview_german.pdf

82   Cylus, J. & Smith, PC. (2020): *The economy of wellbeing: what is it and what are the implications for health?*, in: British Medical Journal (Online), Bd. 370, BMJ . 2020;369:m1874.

83   https://www.goodreads.com/quotes/628927-everything-will-be-okay-in-the-end-if-it-s-not

84   Rogelj, J. et al. (2021): *Three ways to improve net-zero emissions targets*, in: Nature. 2021;591:365-8.

85   Pe‹er, G. et al. (2019): *A greener path for the EU Common Agricultural Policy*, in: Science. 2019;365(6452):449-51.

86 Forum Ökologisch-Soziale Marktwirtschaft (FÖS) (2021): *Zehn klimaschädliche Subventionen sozial gerecht abbauen – ein Zeitplan*. Berlin. https://foes.de/publikationen/2021/2021-02_FOES_Klimaschaedliche_Subventionen_sozial_gerecht_abbauen.pdf

87 Noam Chomsky (1957): *Syntactic Structures*. Mouton & Co.

88 https://www.faz.net/aktuell/wirtschaft/unternehmen/munich-re-schaeden-durch-naturkatastrophen-2020-deutlich-gestiegen-17134383.html; https://de.statista.com/statistik/daten/studie/200297/umfrage/schaeden-aus-naturkatastro phen-der-munich-re-rueckversicherung-seit-2006/

89 Global Commission on Adaptation (2019): *Adapt now: a global call for leadership on climate resilience*. Global Center on Adaptation. 2019. Download unter: https://gca.org/reports/adapt-now-a-global-call-for-leadership-on-climate-resilience/.

90 Secretariat of the Convention on Biological Diversity (2020) Global Biodiversity Outlook (GBO) 5. Montréal. https://www.cbd.int/gbo/gbo5/publication/gbo-5-en.pdf

91 https://fashionunited.de/nachrichten/mode/h-m-gruppe-testet-kleidungsabonnement-in-china/2019120933929

92 https://www.bundestag.de/gg

93 https://c2c.ngo/c2c-konzept/kreislaeufe/

94 https://www.see.tu-berlin.de/menue/forschung/projekte/dm_projekt_klimaneutralisierte_produkte/

95 https://www.europarl.europa.eu/news/de/headlines/society/20201208STO93327/umweltauswirkungen-von-textilproduktion-und-abfallen-infografik

96 https://www.greenpeace.de/themen/endlager-umwelt/textilindustrie/eine-selbstverschuldete-krise

97 https://de.fashionnetwork.com/news/Regierung-macht-weg-frei-fur-kleiderspenden,1286781.html

98 https://www.zeit.de/news/2021-02/16/schwindel-greenpeace-protestiert-am-kanzleramt?utm_referrer=https%3A%2F%2Fwww.google.com%2F

99 https://www.fr.de/wirtschaft/mehr-pflichten-fuer-die-liefer kette-90238192.html

100 https://www.faz.net/aktuell/wirtschaft/eu-parlament-treibt-lieferkettengesetz-voran-17237780.html

101 Hoskins, TE. (2016): *Das antikapitalistische Buch der Mode*. Rotpunktverlag.

102 https://de.statista.com/statistik/daten/studie/1039763/umfrage/anzahl-verkaufter-kleidungsstuecke-von-inditex-weltweit/

103 https://www.heise.de/news/H-M-aus-Apple-Maps-und-weiteren-Apps-in-China-verschwunden-6001032.html

104 https://www.faz.net/aktuell/feuilleton/medien/serien/die-neue-eu-komoedie-parlament-16987431.html

105 https://www.nationalgeographic.org/encyclopedia/great-pacific-garbage-patch/

106 https://www.spiegel.de/wirtschaft/unternehmen/palmoel-zwangsarbeit-us-einfuhrstopp-fuer-weltgroessten-produzenten-a-cb4bda14-d2cc-47b6-9dfd-096c150b26f5

107 https://www.bundeswahlleiter.de/info/presse/mitteilungen/bundestagswahl-2021/01_21_wahlberechtigte-geschaetzt.html

108 ebd.

109 https://www.musixmatch.com/de/songtext/Tocotronic/Hi-Freaks

110 https://www.rollingpin.de/news/der-neue-guide-michelin-japan-2017

111 Amoruso, S. (2015): *#GIRLBOSS. Wie ich aus einem eBay-Shop das Fashionimperium NASTY GAL erschuf.* Redline, S. 70.

112 Amoruso, S. (2015): *#GIRLBOSS. Wie ich aus einem eBay-Shop das Fashionimperium NASTY GAL erschuf.* Redline, S.105.

113 Gerd Müller (2020) *Umdenken: Überlebensfragen der Menschheit.* Murmann.

114 https://www.duden.de/rechtschreibung/Solidaritaet

115 https://www.facebook.com/dawndenim/posts/1849342595214430

116 Amoruso, S. (2015): *#GIRLBOSS. Wie ich aus einem eBay-Shop das Fashionimperium NASTY GAL erschuf. Redline,* S. 105.

117 https://www.fairwear.org/

118 https://www.fairtrade-deutschland.de/

119 https://global-standard.org/

120 Müller, G. (2020): *Umdenken: Überlebensfragen der Menschheit.* Murmann.

121 Hoskins, TE. (2016): *Das antikapitalistische Buch der Mode.* Rotpunktverlag.

122 https://www.brainyquote.com/quotes/albert_camus_391590

123 https://www.sueddeutsche.de/politik/demonstrationen-deutschland-1.4518558

124 https://future.fashion/projekte/fashion-revolution

125 https://www.futurelearn.com/courses/exploring-sustainable-living-and-loving-with-mogli

126 https://www.goodreads.com/quotes/8114-you-begin-saving-the-world-by-saving-one-man-at

127 https://www.demosmagazin.de/

128 https://www.instagram.com/howtostaycoolineverycrisis/

129 https://www.tagesschau.de/ausland/amerika/mexiko-usa-fluechtlinge-101.html

130 https://www.uno-fluechtlingshilfe.de/informieren/flucht ursachen/klimawandel

131 https://menschenrechte-durchsetzen.dgvn.de/meldung/flucht-grund-klimawandel/

132 https://www.medico.de/newsletter/der-moria-komplex

133 https://www.medico.de/der-moria-komplex-pm

134 Müller, G. (2020): *Umdenken: Überlebensfragen der Menschheit*. Murmann.

135 »Can You Dig This« (2015) Dokumentation, John Legend https://www.imdb.com/title/tt4422656/

136 https://www.ted.com/talks/ron_finley_a_guerrilla_gardener_in_south_central_la?language=de

137 https://www.c40.org/cities

138 C 40 (2020) Cities leading the way: Seven climate action plans to deliver on the Paris Agreement. Download unter: https://cdn.loco-motive.works/sites/5ab410c8a2f42204838f797e/content_entry5ab-410fb74c4833febe6c81a/5b97d05514ad66062f99bd66/files/C40_Report_Cities_leading_the_way.pdf?1616166532

139 https://de.wikipedia.org/wiki/Liste_deutscher_Orte_und_Gemeinden,_die_den_Klimanotstand_ausgerufen_haben

140 https://en.viablecities.se/

141 C 40 (2020) C40 Mayors Agenda for a Green and Just Recovery. Download unter: https://c40-production-images.s3.amazonaws.com/other_uploads/images/2093_C40_Cities_%282020%29_Mayors_Agenda_for_a_Green_and_Just_Recovery.original.pdf?1594824518

142 https://www.destatis.de/DE/Themen/Laender-Regionen/Internationales/Thema/bevoelkerung-arbeit-soziales/bevoelkerung/Stadtbevoelkerung.html

143 Dinerstein, E. et al. (2019): *A Global Deal For Nature: Guiding principles, milestones, and targets*, in: Sci. Adv. 2019;5:eaaw2869.

144   Kopnina, H. (2016): *Half the earth for people (or more)? Addressing ethical questions in conservation*, in: Biological Conservation. 2016;203:176-85.

145   IPPR (Institute for Public Policy Research) (2019): *This is a crisis: Facing up to the age of environmental breakdown*. Download unter: https://www.ippr.org/research/publications/age-of-environmental-breakdown

146   https://www.rtl.de/cms/so-vertreiben-sich-die-deutschen-stars-die-zeit-in-der-quarantaene-4509765.html

147   Holt-Lunstad, J. et al. (2010): *Social Relationships and Mortality Risk: A Meta-analytic Review*, in: PLOS Med. 7(7): e1000316.

148   https://www.stern.de/gesundheit/lsd-als-hippie-droge–eine-generation-voll-psychedelischer-experimente_7938788-7938598.html

149   https://www.nzz.ch/wissenschaft/wie-ein-harvard-professor-zum-drogen-guru-wurde-ld.1376356

150   https://www.srf.ch/kultur/gesellschaft-religion/das-erbe-der-hippies-wie-die-blumenkinder-den-weg-fuers-silicon-valley-ebneten

151   https://www.well.com/articles/community-guidelines/yoyow/

152   https://www.zeit.de/2021/14/soziale-netzwerke-the-well-kommunikation-silicon-valley

153   https://www.well.com/

154   Magdalena Schaffrin, Ellen Köhrer (2016): *Fashion Made Fair: Modern – innovativ – nachhaltig*. Prestel Verlag

155   Statista (2019): *Fair Fashion - Statista DossierPlus zur Nachhaltigkeit in der Modebranche in Deutschland*. https://de.statista.com/statistik/studie/id/67352/dokument/fair-fashion/

156   Thekla Wilkening (2017) *Wie kommt Ethical Fashion in den Massenmarkt? Ein Konzept zum Produktmarketing durch Influencer auf der Ethical Fashion Show Berlin / Greenshowroom*. Bachelor-Thesis. Hochschule für Angewandte Wissenschaften Hamburg.

157   https://www.vip.de/cms/darum-verabschiedet-sich-pamela-anderson-von-social-media-4692360.html

158   Szell, G. (2019): *Amüsieren wir uns zu Tode? Neil Postmans Vermächtnis*. in: Soziale Passagen. 2019;11:351-367.3

159   van Dinther, N. (2020): *Menschen und Profile auf Instagram, die uns mehr verstehen lassen*. https://www.thisisjanewayne.com/news/2020/

12/14/menschen-und-profile-auf-instagram-die-uns-mehr-verstehen-lassen/

160 https://www.bundestag.de/parlament/aufgaben/rechts grundlagen/grundgesetz/gg_01-245122

161 Janice Kenney (1973): *A Rhetorical Analysis of Mrs. Coretta Scott King's Commencement Address*. Eastern Illinois University. Masters Theses https://thekeep.eiu.edu/cgi/viewcontent.cgi?article=4821&context=theses

162 https://www.petazwei.de/leder

163 https://www.petazwei.de/leder-kunstleder-nachhaltig

164 https://www.umamiinfo.com/ikedakikunae/

165 https://uba.co2-rechner.de/de_DE/

166 ebd.

167 Der Paritätische Gesamtverband (Hrsg.) (2020): *Gegen Armut hilft Geld. Der Paritätische Armutsbericht 2020*. https://www.der-paritaetische.de/fileadmin/user_upload/Publikationen/doc/broschuere_armutsbericht-2020_web.pdf

168 https://www.goodreads.com/quotes/6875140-the-ultimate-hidden-truth-of-the-world-is-that-it

169 https://femtastics.com/stories/nina-kunz-ich-denk-ich-denk-zu-viel/

170 https://abstimmung21.de/

171 Circle Economy (2021): *Circularity Gap Report*. Download unter: https://www.circle-economy.com/resources/circula rity-gap-report-2021

172 https://www.rescuethatfrog.com/a-voice-for-our-earth-rachel-carson-on-human-mastery/

173 https://unric.org/de/18022021impfplan/

174 https://www.deutschlandfunk.de/japan-300-000-tonnen-c02-unter-dem-meeresboden.676.de.html?dram:article_id=468706

175 https://www.autobild.de/artikel/nio-plaene-fuer-150-kwh-batterie-e-auto-mit-1000-kilometer-reichweite-18706489.html

176 IPPR (Institute for Public Policy Research) (2019): *This is a crisis: Facing up to the age of environmental breakdown*. Download unter: https://www.ippr.org/research/publications/age-of-environmen-tal-breakdown

177 https://www.globalcitizen.org/de/content/new-zealand-nature-personhood-climate-change/

178 Otto, IM. et al.(2020): *Social tipping dynamics for stabilizing Earth's climate by 2050*, in: Proc. Natl. Acad. Sci. USA. 2020;117:2354-65.
179 https://open.spotify.com/episode/7EaHgiXspFFH3n6CguuVie
180 https://recup.de/mehrwegbecher-vivaconagua/
181 https://www.tagesschau.de/inland/innenpolitik/klima klagen-103.html
182 https://twitter.com/luisamneubauer/status/13876797855 81690880

Sachregister

Sachregister

Sachregister